10倍株の転換点を見つける最強の指標ノート

渡部清二
Watanabe Seiji

KADOKAWA

はじめに

思いがけない事態は突然訪れるもので、周知のとおり2019年12月上旬に中国の武漢市で第1例目の新型コロナ感染者が報告され、数カ月のあいだに世界に拡散（パンデミック化）された。2022年2月にはロシアによるウクライナ侵攻が勃発《ぼっぱつ》し、この世界を覆《おお》った2つの暗雲が、いつ完全に晴れるのか断言できる者はいない。

とりわけ、ロシア・ウクライナ戦争による影響は甚大《じんだい》で、小麦の値上がりをはじめ、多くの人たちが物価高に悩まされている。日本の場合は賃金が上がらないままであるから、なおさら閉塞感が強く、なかなか景気の先行きに希望が持てない状況だ。

さらに、これに追い打ちをかけるようにFRB（連邦準備制度理事会）が、2022年4回目となる0・75％の大幅利上げを11月2日に行った。急激に円安が進行し、経済状況が悪化の一途をたどっている。

こうした状況では、多くの株式投資家がどのようなセクター、銘柄に目を向けるべきか、悩んでいることだろうし、株式投資に代表される〝リスク資産の運用〟は難しいと言える。

しかし、これまでも幾度《いくど》となく不況の波に晒《さら》されてきたものの、永遠に景気悪化が続くわけではない。「休むも相場」という格言があるが、一般投資家といえども手をこまねいてばかりいては、正直つまらないはずだ。

私のライフワークとしている『会社四季報(以下、四季報)』読破は、2022年の秋号でついに100冊に達した。多くの方から讃辞《さんじ》をいただき光栄に思っている。そして、秋号を読み終わって気づいたことは、ずっと低迷していて上にも下にも行かず、何かのきっかけがあれば上昇しそうな株が結構多いことだ。

現況の厳しさもさることながら、特にこの数年間はストックピッカー(銘柄選択者)にとって辛い期間だったと思う。とはいえ、どんなに弱い下げ相場でも上がる株はあるわけで、だからこそ勉強する価値があるし、逆に**ストックピッカーが活躍する時代**

が訪れたというのが、私の認識だ。

確かに現在、〝リスク資産の運用〟は難しい。ただし投資テーマがないわけではない。たとえば、足元のウクライナ情勢や円安の状況を鑑《かんが》みると防衛関連やインバウンド関連などがある。

また、株式市場の動きに目を向けると、順張り（株価のトレンドに乗って株を買ったり売ったりすること）でスムーズに上がっている株とずっと低迷している株で二極化している。したがって、マクロ的な背景に関係なく銘柄選択をしなくてはならない状況だと言える。

つまり〝より賢い投資〟を心掛ける必要があるわけで、辛い時期こそポジティブな思考と冷静な判断が求められる。言い古されたことだが、**マスコミの発表に一喜一憂することなく、また、他人の意見に惑わされて付和雷同《ふわらいどう》することなく、客観的にマクロ・ミクロの視点から情報を分析して、自分の投資スタンスを盤石にすることが肝要《かんよう》**になる。

私が主宰している投資アカデミー・複眼経済塾では、優良企業やセクター、投資テーマを見つけるために「四季報の読破」「日本経済新聞（以下、日経新聞）の切り抜き」、そして日頃の株式指標や出来事を「指標ノート」に書き留めるようにしており、この3つを「**投資の三種の神器**」と呼んでいる。

私は「三種の神器」を実践して有望な企業を見出し、自分が応援したい企業を見つけて自分の夢を託すのが本来の株式投資の在り方だと思っている。それが株主になることの意味であり、結果、株主総会で議決権を持つことになる。なので、「ナスダックを買っておけばよい」という風潮や、画面上で売買を繰り返すゲーム的な投資スタンスとは訳が違う。

私たちは、四季報と日経新聞（必要に応じて東京新聞も）以外に特別なツールを用いることはなく、塾生の皆さんと共に日々研鑽《けんさん》を積んでいる。

今回、すでに刊行されている四季報と日経新聞の読み解き方などの拙書に加えて、各方面から**「指標ノート」の作り方のノウハウを知りたい**との要望を受けて本書を刊行することになった。

今後しばらくはインデックス（市場の動きを表す指数）に連動する投資よりも、**優良銘柄を見出すための「三種の神器」の手法が活きる時代**になるはずだ。

本書を通じて投資の魅力を知り、少しでも読者の皆さんの成果につながれば、筆者としてこれ以上の喜びはない。

渡部清二

9000日以上手書きで記録し続けている「指標ノート」

目次

序章

「投資の三種の神器」は四季報、日経新聞、そして指標ノート

第1章

転換点を見つける「指標ノート」の作り方

第2章 〝変化〟をつかむ日経新聞の読み方

第3章 「指標ノート」と「日経新聞の切り抜き」から世界・日本の動きを俯瞰する

第4章

「三種の神器」からお宝株のストーリーを読む

第5章

最強の四季報併読術
——投資スタンスを盤石にするために

第6章

四季報の達人が教える有望銘柄の見つけ方

本書の記載内容は２０２３年2月現在のものであり、記載された情報に関しては、万全を期しておりますが、内容を保証するものではありません。また、本書は特定の金融商品、投資商品を推奨するものではなく、記載内容を利用したことによる、いかなる損害・損失についても出版社、著者、ならびに本書制作の関係者は一切の責任を負いません。投資の最終判断はご自身の自己責任でお願い致します。

序章

「投資の三種の神器」は四季報、日経新聞、そして指標ノート

ついに100冊に到達した四季報読破

私が証券会社に入社したのは30年以上前の1990年のことである。

今でこそ塾生の皆さんに「三種の神器」の大切さを説いているものの、私は証券会社に入社するまで日経新聞をほとんど読んだことがなかった。新人研修の際に日経新聞を読み、重要だと思える記事を切り抜くことを教えてもらったが、同期の中でこれを継続して行う者は私を含め1人もいなかったと記憶している。

私は最初、銀座支店に配属され4年勤務し、その後、長崎支店に3年半ほど在籍したのちに日本橋の本店営業部に異動となった。そこで知り合った先輩の竜沢《たつざわ》さんから勧められたのが「四季報読破」「日経新聞の切り抜き」、そして「指標ノート作り」だった。

丁度この頃、結婚を控えていたこともあって、証券マンとして自立するために勧められたことは何でもやってみようという気になり、以来、この３つが日課になった。したがって「投資の三種の神器」の生みの親は竜沢さんということになる。

私は竜沢さんの教えにしたがい、これまで25年にわたって四季報の全ページを毎号読破してきた。合計冊数は１００冊（２０２２年9月の秋号まで）におよぶ。おかげで個別企業や産業界の動向、日本経済について多くの知識を得ることができたし、23年間勤務した証券会社時代の少なくとも後半は、機関投資家というプロ相手に渡り合えたと自負している。

「四季報読破」と同様に、私が長年重要視してきたのが、日経新聞の各コーナーのデータを書き留める「指標ノート作り」と「日経新聞の切り抜き」である。この日課も途切れることなく、当塾の塾生たちも励行《れいこう》している。

２０００ページにもおよぶ四季報が長編小説だとすれば、日経新聞は誰でも入手できる日報とも言えるツールだ。これはと思える記事を毎日チェックしていると、**株式投資に役立つ「気づき」**が得られる。

『会社四季報』を100冊読破し、「日経新聞切り抜き」と「指標ノート作り」を9000日以上継続

ちなみに、四季報のように上場銘柄のすべてを1冊にまとめている出版物は世界に類を見ない。1936年（昭和11年）6月に創刊されて以来、戦中・戦後の一時期を除いて、87年目の現在までずっと刊行されている。

日経新聞の前身は1876年（明治9年）に『中外物価新報』という名で誕生した。

2021年12月時点の朝刊販売部数と2022年1月時点の「電子版」有料会員数を合わせると、約261万部に達し、読者数は経済紙としては世界有数である。

25年間続けてきた「指標ノート作り」

私は「指標ノート作り」を1997年から日課にしてきた。2023年の2月時点で指標ノートの冊数は8冊に達し、これまで読破してきた100冊の四季報と同様に「塵も積もれば山となる」ことを実感している。

「指標ノート作り」は単純な作業で、慣れてくれば5〜6分ですむ。

日々、日経新聞から日経平均株価終値、出来高、TOPIX終値、マザーズ指数(※かつてはJASDAQ指数終値)、10年国債金利、NYダウ平均株価終値、SP500終値、NASDAQ指数終値、米国10年金利、NY為替、WTI(原油価格)の11項目の数値と、その日の紙面から特に気づいたことをコメント欄に記入するだけでいい。

次の見開きページに指標ノートの中身を掲載している。

SP500	+/−	NASDAQ	+/−	米国10年金利	NY為替	WTI	コメント
3856.10	−15.88	10890.846	−97.300	4.045	148.25	88.37	愛知県にジブリパーク開園
3759.69	−96.41	10524.797	−366.049	4.103	147.95	90.00	FOMC 4連続0.75%利上げ；3日英中銀も0.75%利上げ 8会合連続
3719.89	−39.80	10342.941	−181.856	4.152	148.25	88.17	北朝鮮相次ぎミサイル 3県にJアラート 3日イスラエル総選挙、ネタニヤフ氏過半数
3770.55	+50.66	10475.254	+132.313	4.162	146.65	92.61	ツイッター、マスク氏大規模人員削減 5割減 4日相場操縦、三井住友とSMBC日興トップら22人処分 4日習近平、ドイツ ショルツ首相と会談 20年以降G7の訪中初 6日COP(地球温暖化)27エジプトで開幕
3806.80	+36.25	10564.520	+89.266	4.214	146.65	91.79	
3828.11	+21.31	10616.200	+51.680	4.131	145.70	88.91	8日、皆既月食＋天王星食 1580年7月以来442年ぶり 8日 米中間選挙、日本産業パートナーズ 東芝買収2.2兆円提案
3748.57	−79.54	10353.175	−263.025	4.096	146.35	85.83	米メタ社員1.1万人削減 設立後初、10日機械受注10月2年ぶり減 −5.4%
3956.37	+207.80	11114.147	+760.972	3.817	140.95	86.47	7&i、そごう・西武百、米フォートレスに売却2000億円超 10日WRC豊田市で開幕12年ぶり オリックスDHC買収3000億円、11日1日で7円円高
3992.93	+36.56	11323.331	+209.184	休	休	88.96	11日仮想通貨FTX破産申請 預かり資産2.2兆円 過去最大
			+848.077(+8.1%)				11日、葉梨法相を更迭、11日富山湾で生きたリュウグウノツカイ捕獲 60年で3例目
			11日次世代半導体「ラピダス」発足				12日世界7-9月2四半期連続減益 10日、足1本多いアオリイカ釣り上げ 国内初か 13日 日韓首脳3年ぶり会談
3957.25	−35.68	11196.220	−127.111	3.856	139.90	85.87	14日 中国習氏、米国バイデン氏首脳会談(バリ、3年5カ月ぶり) 14日アマゾン1万人削減、15日人口「80億人の日」
3991.73	+34.48	11358.410	+162.190	3.775	139.30	86.92	15日GDP 7-9月 −1.2% 4期ぶりマイナス成長、コロナ10万人 15日ポーランドにミサイル NATO加盟国初の死者
3958.79	−32.94	11183.659	−174.751	3.691	139.55	85.59	16日米トランプ氏24年大統領選出馬表明、アルテミス計画 NASA オリオン打上げ成功 米中間選挙下院共和党4年ぶりねじれ議会
3946.56	−12.23	11144.958	−38.701	3.769	140.20	81.64	17日日中首脳会談3年ぶり、コロナ「第8波の入り口」
3965.34	+18.76	11146.063	+1.105	3.825	140.40	80.08	18日10月CPI +3.6% 40年ぶり
		−177.268(−1.57%)	15日めぐみさん拉致から45年				16日プリウス7年ぶり刷新、19日北朝鮮新型ICBM試射成功 19日トランプ前米大統領のツイッターアカウント復活表明
	19日マレーシア総選挙 マハティール氏(97才)落選 政界から引退へ						20日カタールW杯開幕 開催国初戦初の黒星 20日寺田総務相更迭(1カ月で3人目) 20日COP27閉幕 排出削減進展なし
3949.94	−15.40	11024.511	−121.552	3.832	140.40	79.73	22日W杯 サウジ、アルゼンチン撃破、21日ジャワ島M5.6 死者271人
4003.58	+53.64	11174.407	+149.896	3.756	141.20	80.95	22日コロナ飲み薬・塩野義承認、「オモテナシ」月面着陸断念
4027.26	+23.68	11285.318	+110.911	3.731	139.60	77.94	W杯 日本、ドイツを2−1で撃破 中国コロナ感染1日3万1000人で最多 山一自主廃業から25年(報道22日、会見24日)
4026.12	−1.14	11226.356	−58.962	3.686	139.15	76.28	
		㊏	80.293(+0.72%)				26日台湾地方選、与党大敗 台北市長蒋介石ひ孫 27日北京・上海でゼロコロナ異例の抗議 28日仮想通貨融資米ブロックファイ破綻
3963.94	−62.18	11049.499	−176.857	3.686	138.90	77.28	27年度防衛費2%、原発建て替え推進に転換 防衛増税「24年」以降
3957.63	−6.31	10983.779	−65.720	3.683	138.70	78.20	
4080.11	+122.48	11467.996	+484.217	3.747	138.10	80.55	江沢民氏死去(96歳)

手作りの指標ノートが、株式投資の転換点を見つけるヒントを与えてくれる

2022(令和04)年
11月

日付	日経平均	+/−	出来高 億株	TOPIX	+/−	マザーズ	+/−	10年国債金利	NYダウ	+/−	
1	27678.91	+91.46	12.32	1938.50	+9.07	745.46	−0.08	0.245	32653.20	−79.75	1
2	27663.39	−15.53	14.30	1940.46	+1.96	737.85	−7.61	取引成立せず	32147.76	−505.44	2
3	休								32001.25	−146.51	3
4	27199.74	−463.65	16.39	1915.40	−25.06	731.56	−6.29	0.250	32403.22	+401.97	4
											5
											6
7	27527.64	+327.90	12.33	1934.09	+18.69	733.06	+1.50	取引成立せず	32827.00	+423.78	7
8	27872.11	+344.47	13.44	1957.56	+23.47	741.02	+7.96	0.250	33160.83	+333.83	8
9	27716.43	−155.68	12.81	1949.49	−8.07	738.35	−2.67	0.245	32513.94	−646.89	9
10	27446.10	−270.33	12.70	1936.66	−12.83	735.47	−2.88	0.245	33715.37	+1201.43	10
11	28263.57	+817.47	17.43	1977.76	+41.10	760.52	+25.05	0.235	33747.86	+32.49	11
		⊕1063.83(+3.9%)				+28.96(+3.95%)			+1344.64(+4.15%)		12
											13
14	27963.47	−300.10	14.60	1956.90	−20.86	773.66	+13.14	0.240	33536.70	−211.16	14
15	27990.17	+26.70	12.11	1964.22	+7.32	780.41	+6.75	0.240	33592.92	+56.22	15
16	28028.30	+38.13	12.25	1963.29	−0.93	791.44	+11.03	0.240	33553.83	−39.09	16
17	27930.57	−97.73	10.69	1966.28	+2.99	790.39	−1.05	0.240	33546.32	−7.51	17
18	27899.77	−30.80	11.26	1967.03	+0.75	782.56	−7.83	0.240	33745.69	+199.37	18
		⊖363.80(−1.29%)			+	22.04(+2.90%)			−2.17(−0.01%)		19
											20
21	27944.79	+45.02	9.65	1972.57	+5.54	783.24	+0.68	0.240	33700.28	−45.41	21
22	28115.74	+170.95	12.04	1994.75	+22.18	779.95	−3.29	取引成立せず	34098.10	+397.82	22
23	休(新嘗祭)								34194.06	+95.96	23
24	28383.09	+267.35	13.11	2018.80	+24.05	796.58	+16.63	0.240	感謝祭		24
25	28283.03	−100.06	9.99	2018.00	−0.80	799.62	+3.04	0.250	34347.03	+152.97	25
		⊕383.26(+1.39%)				⊕	17.06(+2.18%)		⊕601.34(+1.78%)		26
											27
28	28162.83	−120.20	11.32	2004.31	−13.69	801.23	+1.61	取引成立せず	33849.46	−497.57	28
29	28027.84	−134.99	11.56	1992.97	−11.34	803.32	+2.09	0.250	33852.53	+3.07	29
30	27968.99	−58.85	16.64	1985.57	−7.40	793.51	−9.81	0.250	34589.77	+737.24	30

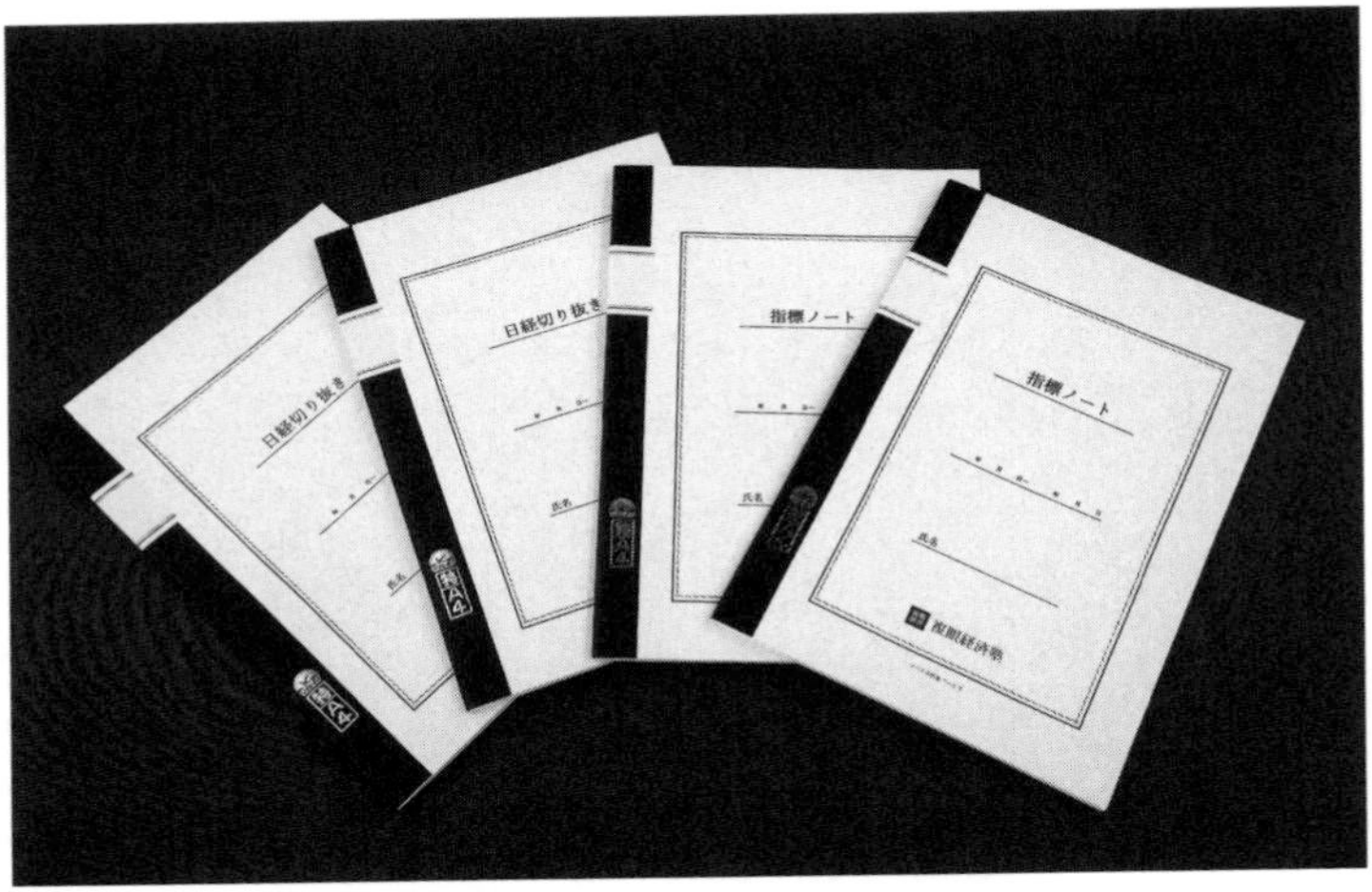

メイドインジャパンでこだわりを持って作った複眼経済塾オリジナルノート

では、なぜ私が「指標ノート作り」を続けてきたかというと、この単純作業を繰り返しているうちに、ある日の数値やコメントが別の日の数値やコメントと関係しているのが見えてくるからである。**これによって市況や産業動向などの変化を見出せるようになり、「気づき」の領域を広げることが可能**になる。

「指標ノート作り」は地味な作業だが、コツコツ続けているうちに「えっ？　なぜ？　どうして？」と思えることが浮き上がってきて、不思議な感慨を覚えることが多々ある。

それもPC上にエクセルなどを使って記録するのではなく、普通の大学ノートに手書きで各データを記入するようにしている。その理由は、手書きのほうが数字の感覚が身につき、記憶に残りやすいからだ。ちなみに私は東京の「銀座伊東屋」で売っているツバメノートを愛用してきた。

なお、当塾オリジナルのノートを複眼経済塾のサイト上で発売しているので、これを使っていただければ幸いだ。

株式投資で成功するためには、何より情報が大切になるが、ただボーッと日経新聞を眺めているだけではダメだ。

変化している**各数値を「指標ノート」に書き留める→「指標ノート」のコメント欄に気づいたことを記入する→これはと思える記事を切り抜く→〝気づき〟を得た銘柄について四季報で調べる**という過程を踏むことが大切になる。日々書き留めるコメント付きの「指標ノート」は、手作りの累積資料となるだけに投資のヒントを与えてくれることだろう。

物事を多面的に見ないと情報の本質を見失う

こうした過程を踏むことが、なぜ大切かというと、ひとえに情報の精度を高めるためである。**毎日の出来事や市況の変化、経済情勢やセクター・銘柄の動きをより正確にとらえるには、1つの方法よりも複数の方法で多面的に物事を見る必要**がある。

それも、感情を交えずに客観的かつ冷静に事実だけを追うようにすることが肝要で、情報を妄信することがあってはならない。

ある物体を3つの異なる方向から見たシルエットがある（図表1参照）。これは我々が普段見慣れている化粧品や薬品などのチューブのシルエットだ。

横から見れば横長の四角形の上に縦長の三角形がのっているように見え、正面から見れば長方形、下から見れば丸に見える。しかし、その正体は縦長の三角形でも長方形でも丸でもない。要は、同じ物体でも視点が変われば別の見え方になるということである。

図表1　チューブを様々な方向から見たシルエット

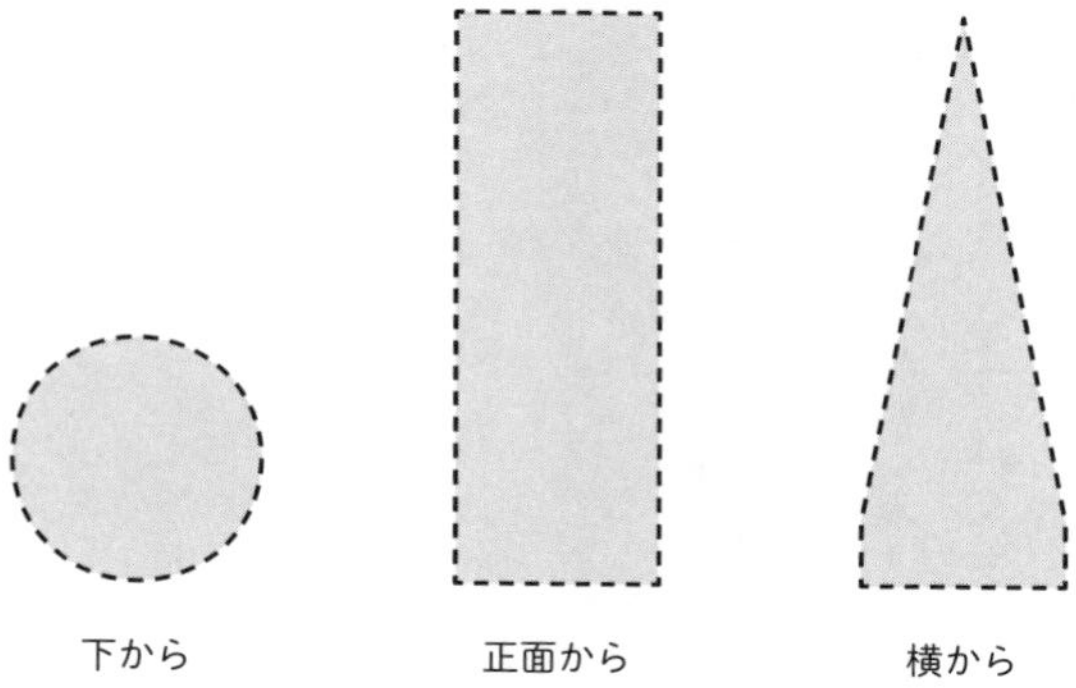

1つの事柄にとらわれていると全体像が見えないという意味で、「**木を見て森を見ず**」ということわざがある。逆もまた然《しか》りで、些《さ》細《さい》なことにこだわりすぎると本質を見落としかねないことを指摘して、「**森を見て木を見ず**」とも言われている。

NHKの大河ドラマ『篤姫』（2008年1月〜12月）では、「**一方聞いて沙汰するな**」というセリフがたびたび登場していた。これは「一方の言い分だけではなく、双方の言い分をしっかり聞かなければ本当のことはわからない」という意味だ。こうした言葉にも物事を多面的に見ることの大切さが表れている。

同じ情報でも、人によっては長方形にも丸にも見えるわけで、中には「絶対これはこうだ！」と物事を決めつけてしまう人がいる。だが、一面的な見方をすると情報の本質を見失ってしまうことになる。

私は、**株式投資においては森羅万象を折り込むという観点から、様々な情報を極力頭に入れるように心掛けている。物事に絶対はないので、偏った見方をしないことが大切**だと思っている。

一般の投資家にも「投資の三種の神器を」という思いで会社を立ち上げた

私が証券会社に入社したのは１９９０年で、丁度「バブル崩壊」直前の時期だった。１９８９年12月29日に、日経平均株価が史上最高値の３万８９１５円をつけたことが思い出される。

バブル期は東京の銀座や六本木などの繁華街が深夜まで賑《にぎ》わいを見せていた。バーやクラブから出てきた酔客を待つタクシーが、赤いテールランプを点けて幾重《いくえ》にも止まっていた。

また、「日本のGDPが世界2位に！」の勢いに乗って、土地や建物の不動産、ゴルフ会員権、株式など様々な投資がブーム化し、庶民のあいだにも「カネにカネを稼がせる」風潮が広まっていた。

しかし、1990年を迎えたとたん、資産価格が下落に転じ始め、バブルは崩壊過程に入っていき、いわゆる「失われた20年」を迎えることになった。

株価は1990年1月4日の大発会（証券取引所の年始の最初の取引日に行われる催事）で202円の下げを記録。その後も下がり続けて同年4月2日には2万8002円まで暴落した。そして7月に3万3000円台まで回復したものの、翌8月2日の湾岸戦争勃発を契機《けいき》として、10月1日にはついに2万円の大台を割った。この1990年の年初から始まった株価下落の現象は、債券、円の下落にもおよんだことから「**トリプル安**」と言われた。

こうした時期に私は証券会社に入社し、23年間のうち最初は銀座支店の営業課に、その後、長崎支店、日本橋本店を経て、２０００年から大手町にある機関投資家営業部に在籍していた。この部署の主な業務内容は、ひと言でいえば運用のプロである機関投資家に日本株を売り込む仕事だった。

ところが、今だから話せるものの、私がお客様に推奨した株はことごとく下落していった。とりわけ、若手時代に3年半勤務した長崎支店では、「お客様の資産をなくしてばかりいる」という自責の念にかられた。

つまり、私はお客様に損ばかりさせていたわけで、自分自身も「バブル崩壊」の波にのまれていたと言える。

だが、お客様の損得に関係なく、売買にはその都度、手数料がかかるので、証券会社には利益がもたらされる。承知のとおり、投資は自己責任で行うものであるから、お客様が損をしたとしても、証券会社が損を被ることはない。

もちろん、私が自責の念にかられていたことなど、会社にとってはどうでもいい話で、私はこのことに大きな疑問を感じた。

お客様に損ばかりさせていたこと、日本橋本店に異動して従業員組合の支部代表を務めていた際に人間関係で悩んでいたことなどがストレスになり、機関投資家営業部への異動が決まるか決まらないかのときに、私は潰瘍《かいよう》性大腸炎を患って入院し、2年ほど会社を休むことになった。

しかし、こうした状況にめげることなく、本来の業務とは別に、日経新聞の読み合わせと四季報から選んだ銘柄の資料作りは続けていた。四季報を読むのが好きで、有望な銘柄を見つけるのも得意だったので、それなりの成績を上げることもできた。

この頃から機関投資家だけではなく、**株式投資に興味のある一般の投資家にも株式投資のノウハウをわかりやすく伝えたいという気持ちが芽生え始めた**。また、そのためには、ずっと実践していた「投資の三種の神器」が役立つに違いない、そうした需要はあるのではないかと思っていた。

そして、2013年に長年お世話になった会社を辞め、就職活動もせずに1年間ほどは旅行ばかりしていたが、2014年4月に「四季リサーチ株式会社」を設立。その後、証券会社の先輩と再会して意気投合したことをきっかけに、現在の複眼経済塾の前身「複眼経済観測所株式会社」を2016年に立ち上げた。

ちなみに複眼経済塾と社名を変えたのは2018年のことで、当初、100名にも満たなかった塾生の数は現在1200名を超えている。

指標ノートから世の中の動きを俯瞰する

前項で述べたことは、要するに私の半生にも何度か変化があったということだが、世の中には変わらないコトやモノはないわけで、それはまるで季節の移り変わりのように決まっているかのようだ。

「投資の三種の神器」を日課にしていると、こうした感慨を覚えることが多々あって、指標ノートに数字やコメントを書き込んでいる最中に、まるで天啓《てんけい》（天の神が真理を人間に示すこと）のようにいくつかの出来事が重なり合って不思議に思うことがある。

日経新聞から必要な数字を書き取り、コメントを記入する日課は単純作業で面白いとは言えない。しかし、**自分に課しているこの作業から政治・経済・社会・産業・文化等々の動き、あるいは世界情勢までを把握すること**ができる。指標ノートの数が増えていくたびに世の中の動きを俯瞰できるようになるし、何事にもサイクル（周期）があるように思えてくる。

指標ノートに書き込んでいる毎日の情報は、たった1行の情報でしかない。だが、積み上げていった情報から見えてくることがあり、**さまざまなコトやモノの転換点を見出すのに大いに役立つ**。それはマクロ・ミクロ両方の機能を備えた双眼鏡から世の中を見渡すようなものだ。

たとえばビルなどの建築物、電話やクルマの移り変わりに焦点をあててみると、この約半世紀〜数十年間の激変ぶりが見えてきて、多くの気づきを得ることができる。

50年ほど前の高層ビルといえば霞が関ビル（高さ147メートル・36階）や浜松町近くの世界貿易センタービル（高さ152メートル・40階）だった。それがいまや大阪のあべのハルカスやSISりんくうタワー、横浜の横浜ランドマークタワー、東京の虎ノ門ヒルズ森タワーなど、240メートルを優に超える高さの超高層ビルがあちこちで見られるようになっている。ちなみに、2027年に完成予定の東京駅近くの「トウキョウトーチ」のメインタワーは、高さ390メートルの日本一の超高層ビルになるそうだ。

また、現在の携帯電話からは想像できないが、25年ほど前はアンテナがついていたし、それ以前の携帯電話はビデオデッキのように大きかった。あるいはテレビにしても薄型・大型化が進み、PCの場合も軽量化が進んで、ノート型PCがいまの主流になっている。

クルマの変化も著《いちじる》しく、時代が新しくなるにつれて燃費のよいクルマが開発され、EV（電気自動車）への移行が進み、水素エンジン車、さらには空飛ぶクルマまで登場している。

いずれも日進月歩の技術革新がうかがえる話だ。しかし、投資する上で大切になるのは、それぞれの転換点をいち早く察知し、どのような技術やシステム（もしくはサービス）によって、どのようなセクター・企業が、どのように変貌を遂げようとしているのかを知ることであり、**そのヒントとなるキーワードは指標ノートに見出すこと**ができる。

指標ノートから気づきを得たセクター・企業の過去を振り返り、また未来のシナリオを描く必要もある。そして、**その際に役立つのが、次項で紹介しているサイクル理論、さらには日本独特の「金座《かねくら》・米座《こめくら》」という循環論**である。

知っておきたい5つの景気サイクル

コロナ禍が終息しないうちに、ロシア・ウクライナ戦争という〝まさかの事態〟が発生し、多くの人が「この21世紀になぜこんなことが？」という気持ちを抱いたことだろう。その弊害は、まるでドミノ倒しのように世界中に波及し、日本にも原油高、物価高、円安等々の悪影響がおよんでいる。

こうした〝まさかの事態〟を思うにつけ、物事には必ず因果関係があるはずなので、コロナ禍もロシア・ウクライナ戦争も偶然のこととは思えない、などと考えてしまう。もし戦争やパンデミックにサイクルがあるとすれば、極めて怖い話だが、人類には幾度となく愚かな戦争、不幸なパンデミックを繰り返してきた歴史がある。

景気には一定のサイクルがあり、長い歴史を振り返ることで株式投資のヒントをつかみ取ることができるので、多くのプロの投資家がこれを重んじている。そこで、**「○○年ぶり」というキーワードから転換点を見つけるために以下の5つのサイクルを意識するよう**に心掛けたい。

【キチンサイクル】

景気循環が3～4年（約40カ月）前後ごとに訪れるケースを指す。在庫投資の活動周期に重ねあわせることができるという考え方で、「短期循環」「在庫循環」と呼ばれることもある。在庫が減少すると景気がよくなり、増加すると悪くなるとされている。

【ジュグラーサイクル】

景気循環が10年前後ごとに訪れるケースで、設備投資の周期と重ねあわせることができる。機械などの設備は10年ほどで償却されることが多く、入れ替えの際に設備投資が盛んになり、景気が良くなるとされている。「中期循環」「設備循環」などと呼ばれることもある。

【クズネッツサイクル】

景気循環が20年前後ごとに訪れるケースを指す。建築物の建て替え周期に重ねあわせることができるので、「建築循環」と呼ばれることもある。建築物の寿命が20年くらいであることから、メンテナンスや建て替えの需要が増えるときに景気がよくなり、建て終わってから次の建て替えまでに景気が停滞しやすくなるとされている。

【コンドラチェフサイクル】

景気循環が50年前後ごとに訪れるケースで、「長期循環」と呼ばれることもあり、

図表2　主な景気循環

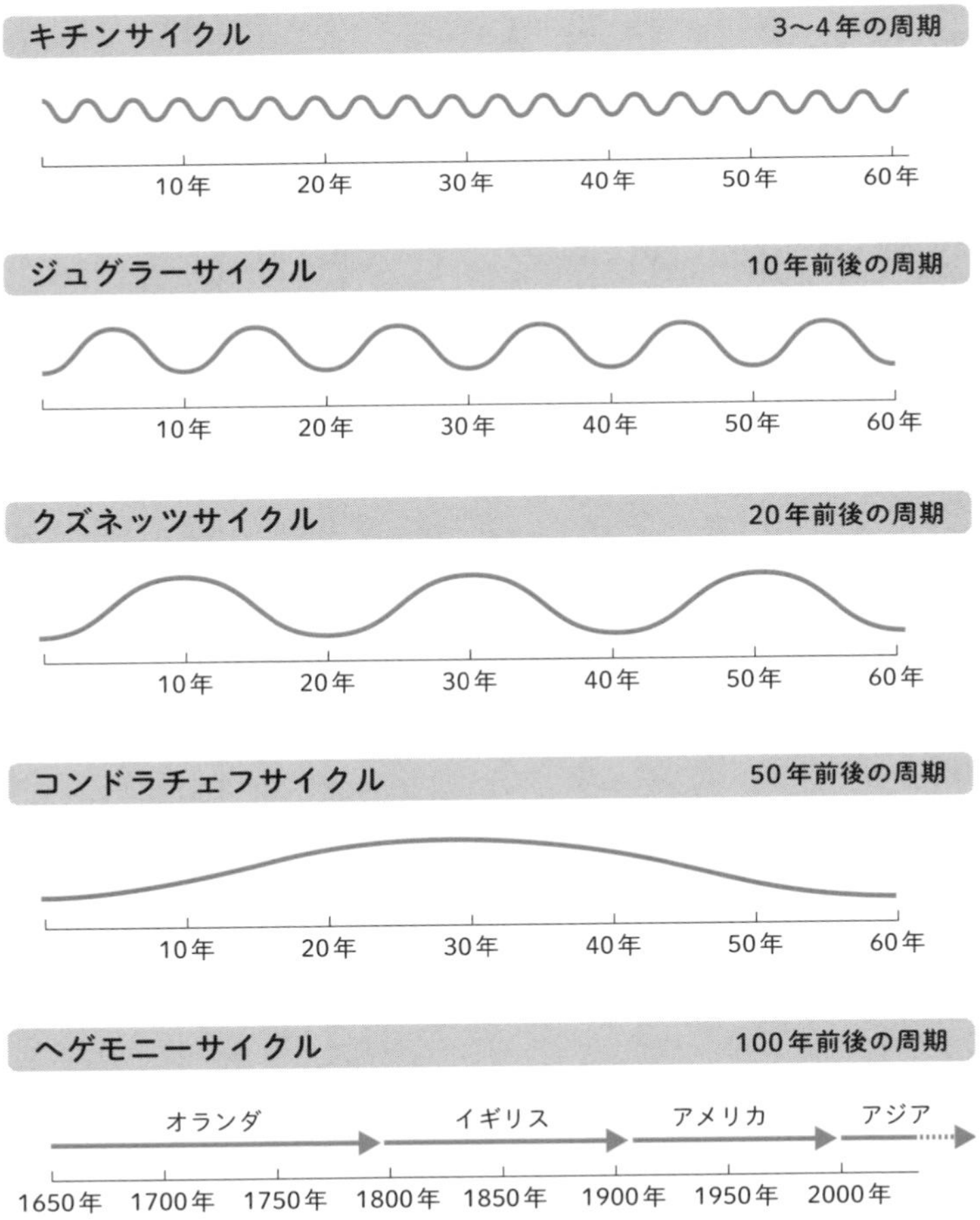

出所：「nikkei4946.com」をもとに著者作成

技術革新の周期と重ねあわせることができる。人々の生活は技術革新によって大きく変化し、1800年前後に登場した蒸気機関車、1850年前後から広がった鉄道網、1900年頃に始まった自動車の量産化、1950年前後に生まれた原子力、2000年前後から普及し始めたインターネットなどが、代表的な例と言える。

【ヘゲモニーサイクル】

100年で一巡するサイクルで、ヘゲモニーとは「覇権」を意味する。世界のどの国が権力や影響力を持つかによって変わっていくサイクルを指し、「覇権サイクル」と呼ばれることもある。

世界史を振り返ると、**覇権の流れはスペイン→オランダ→イギリス→アメリカ→アジアの時代**と言えるだろう。ちなみに私は将来的に中国ではなく、日本が世界経済を牽引すると考えている。

日経新聞の見出しや記事には「○○年ぶり」という言葉が多く見受けられる。私は、それを指標ノートに書き留めている。それが、**これら5つのどのサイクルと結びつき、どのような変化をもたらすのかを考えることが、株式投資を行う上で大切**になる。

日本人独特の感性を活かさない手はない

プロの株式投資家は、前項の5つのサイクルに加えて古くから言い伝えられている様々なサイクルを活用している。その中で私が注目しているのが伊勢神宮の**「金座・米座」という20年サイクル**である。

我が国の神社には式年遷宮《せんぐう》という祭事があって、伊勢神宮の遷宮祭は大規模なものとして知られている。20年ごとに諸社殿（内宮、外宮の本宮など合計125社）を新しく立て替え、神宝、装束を一新し、ご神体を旧殿舎から新殿舎に遷座するこの行事は、天武《てんむ》天皇の発意によって持統《じとう》天皇時代の4年（690年）に第1回が行われている。1300年以上続いており、2013年10月に行われた遷宮は62回目に当たる。

伊勢神宮の正殿の敷地は、東側が米座、西側が金座と呼ばれており、正殿が米座にあるときは平穏で豊かな「精神の時代」、金座にあるときは波乱の多い激動の「経済の時代」になるとされている。

この言い伝えに基づけば、**2013年10月までの20年間は正殿が米座にあったので平穏な「精神の時代」、次の遷宮が行われる2033年10月までの20年間は正殿が金座にあるので、激動の「経済の時代」**ということになる。

したがって、現在は2033年まで9年を残しているので、まだ経済が波乱含みの激動期にあり、〝まさかの事態〟がこれからも続き、2025〜2028年あたりに激動が本格化して、やがてそれが2033年に向かって終息していくというように考えられる。

そして、幕末から現在までの「金座・米座」のサイクルを振り返ってみると、以下のようになる。

・1849〜1869年「金座」黒船来航から明治維新幕開けの激動の時代
・1869〜1889年「米座」文明開化を謳歌した時代
・1889〜1909年「金座」日清・日露戦争の時代

・1909〜1929年「米座」大正ロマンという大衆文化が花開いた時代
・1929〜1949年「金座」世界恐慌、第二次世界大戦が勃発した時代
・(敗戦の混乱で遷宮が4年延期)1953〜1973年「米座」戦後復興の時代
・1973〜1993年「金座」バブル景気に沸《わ》いた時代
・1993〜2013年「米座」戦争のない時代
・2013〜2033年「金座」激動の「経済の時代」

他にもサイクル理論があり、なかでも投資家のあいだでよく知られているのが、江戸時代に酒田(山形)で生まれ、米相場で莫大な財を成した本間宗久《ほんまそうきゅう》が編み出した「酒田五法《さかたごほう》」という相場の分析方法である。

これは、まさに「買う、売る、休む」という売買の重要なポイントを知るためのものだが、実は人の「起きて活動して寝て休む」というサイクルと何ら変わらないし、日本に根付いている1年の過ごし方と同じである。つまり、春に田植えをして夏の終わりまで稲を育てて、秋に収穫をして、冬のあいだは休むという流れと一緒だ。

そして、日本においては1年のあいだに正月、節分、桃の節句、端午の節句、七夕、天皇が収穫した稲穂を奉納する新嘗祭など、様々な年中行事が執り行われている。

また、春夏秋冬の変化に合わせるように旧暦の二十四節気《にじゅうしせっき》（立春、春分、立夏、夏至、立秋、秋分、立冬、冬至など）、さらには二十四節気を約5日ずつ3つに分けた七十二候《しちじゅうにこう》という時候の節目がある。

二十四節気は古代中国から伝承されたもので、七十二候の名称は日本の季節に合うように何度か改訂され、江戸時代に暦学者の渋川春海《しぶかわはるみ》らが『本朝七十二候』を作成し、現在は1874年（明治7年）の『略本暦《りゃくほんれき》』に掲載された七十二候が主に使われている。

ちなみに私は「**二十四節気・七十二候の歳時記カレンダー**」を愛用している。日本の歳時記を意識することで身近な気づきが得られるので、塾生たちにもこのカレンダーを薦めている。

こうした時候の節目もサイクルの1つであって、先述した米座を昼ないし春から夏、金座を夜ないし秋から冬として考えると、**投資の場合は、5月に売って春から夏の間**

は休んで、11月の大底で買うのがセオリーになっている。

これと同様の相場感覚がイギリスにあって、「5月に売って秋の競馬のシーズンに帰ってこいよ」という意味合いで、「Sell in May and go away , don't come back until St.Leger day.」という格言が使われている。

身近な気づきは日々培われるもので、四季折々の変化を体感している日本人は、元来、様々なサイクル理論に対する理解が早いというより、感性が鋭い。

四季の移り変わりに応じて暮らしてきた日本人には、独特の感性が備わっており、正月には神社に詣でて柏手《かしわで》を打ち、七夕には五色の短冊を笹竹に吊して星に願いをする。中秋の名月には月見団子を供えて月を愛でる。こうした習わしが自然に身に付いており、虫の音を聞くと「ああ秋だな」と思うのが日本人である。

市場がサイクルで動いていることは周知の事実であり、日々、指標ノートを記入することでそれを体感することができる。これを投資に活かさない手はないだろう。

第1章

転換点を見つける「指標ノート」の作り方

指標ノートの各数値は日経新聞のここから写す

24～25ページの私が作成している指標ノートの写真を次のページに再掲する。参照していただくと一番左の日付欄から一番右のコメント欄までを11に区分する線、最上部の各項目も、いまだに手書きである。その理由は先述したとおり、手書きのほうが記憶に残りやすいと考えているからだ。次の見開きページで未記入のものも掲載しているので参考にしてほしい。

指標ノートの各数値は日経新聞のどこから写せばよいかというと、まず**朝刊の『マーケットデータ』という紙面を開いて『市場体温計』の欄**を見る。

この欄には日経平均株価、TOPIX、売買高、売買代金、時価総額、東証プライム市場指数や東証マザーズ指数などの情報、「投資指標」の欄にはPER、PBR、配当利回りなどの指標、さらに『債券市場』の欄には新発10年国債の利回りなどが出ている。

株式投資の転換点を見つける指標ノート（再掲）

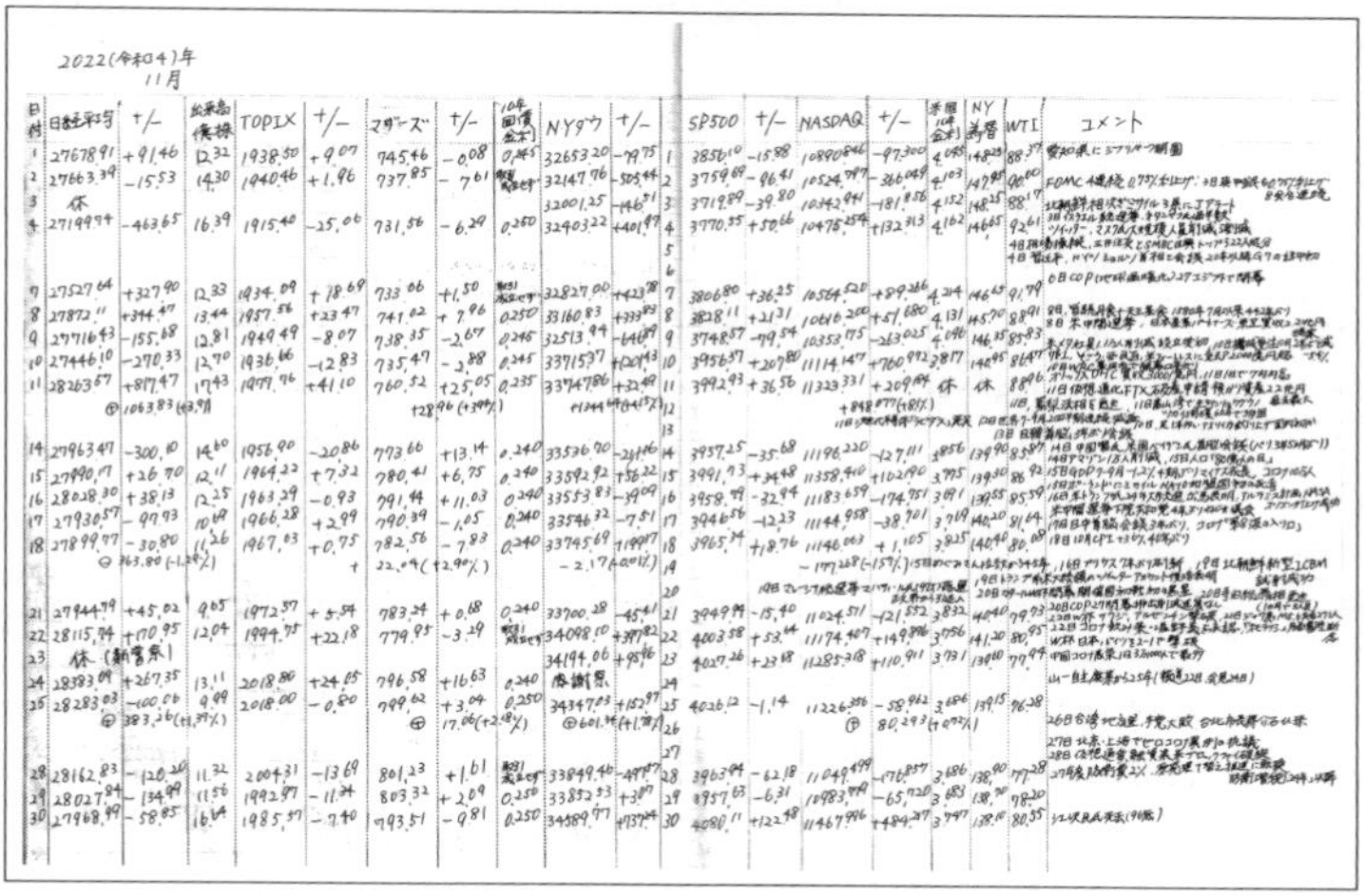

2022（令和04）年
11月

日付	日経平均	+/-	出来高億株	TOPIX	+/-	マザーズ	+/-	10年国債金利	NYダウ	+/-		SP500	+/-	NASDAQ	+/-	米国10年金利	NY為替	WTI	コメント
1	27678.91	+91.46	12.32	1938.50	+9.07	745.46	-0.08	0.245	32653.20	-79.75	1	3856.10	-15.88	10890.846	-97.300	4.095	148.23	88.37	愛知県にジブリパーク開園
2	27663.39	-15.53	14.30	1940.46	+1.96	737.85	-7.61	[illegible]	32147.76	-505.44	2	3759.69	-96.41	10524.797	-366.049	4.103	147.95	90.00	FOMC 4連続0.75%利上げ
3	休								32001.25	-146.51	3	3719.89	-39.80	10342.941	-181.856	4.152	148.25	88.17	
4	27199.74	-463.65	16.39	1915.40	-25.06	731.56	-6.29	0.250	32403.22	+401.97	4	3770.55	+50.66	10475.254	+132.313	4.162	146.65	92.61	
											5								
											6								
7	27527.64	+327.90	12.33	1934.09	+18.69	733.06	+1.50	[illegible]	32827.00	+423.78	7	3806.80	+36.25	10564.520	+89.266	4.214	146.65	91.79	
8	27872.11	+344.47	13.44	1957.56	+23.47	741.02	+7.96	0.250	33160.83	+333.83	8	3828.11	+21.31	10616.200	+51.680	4.131	145.70	88.91	
9	27716.43	-155.68	12.81	1949.49	-8.07	738.35	-2.67	0.245	32513.94	-646.89	9	3748.57	-79.54	10353.175	-263.025	4.096	146.35	85.83	
10	27446.10	-270.33	12.70	1936.66	-12.83	735.47	-2.88	0.245	33715.37	+1201.43	10	3956.37	+207.80	11114.147	+760.972	3.817	140.95	86.47	
11	28263.57	+817.47	17.43	1977.76	+41.10	760.52	+25.05	0.235	33747.86	+32.49	11	3992.93	+36.56	11323.331	+209.184	休	休	88.96	
	⊕1063.83(+3.9%)					+28.96(+3.94%)			+1344.69(+4.15%)		12			+848.077(+8.1%)					
											13								
14	27963.47	-300.10	14.60	1956.90	-20.86	773.66	+13.14	0.240	33536.70	-211.16	14	3957.25	-35.68	11196.220	-127.111	3.856	139.90	85.87	
15	27990.17	+26.70	12.11	1964.22	+7.32	780.41	+6.75	0.240	33592.92	+56.22	15	3991.73	+34.48	11358.410	+162.190	3.775	139.30	86.92	
16	28028.30	+38.13	12.25	1963.29	-0.93	791.44	+11.03	0.240	33553.83	-39.09	16	3958.79	-32.94	11183.659	-174.751	3.691	139.55	85.59	
17	27930.57	-97.73	10.69	1966.28	+2.99	790.39	-1.05	0.240	33546.32	-7.51	17	3946.56	-12.23	11144.958	-38.701	3.769	140.20	81.64	
18	27899.77	-30.80	11.26	1967.03	+0.75	782.56	-7.83	0.240	33745.69	+199.37	18	3965.34	+18.76	11146.063	+1.105	3.825	140.40	80.08	
	⊖363.80(-1.29%)				+	22.04(+2.90%)			-2.17(-0.01%)		19			-177.268(-1.57%)					
											20								
21	27944.79	+45.02	9.05	1972.57	+5.54	783.24	+0.68	0.240	33700.28	-45.41	21	3949.94	-15.40	11024.511	-121.552	3.832	140.40	79.73	
22	28115.74	+170.95	12.04	1994.75	+22.18	779.95	-3.29	[illegible]	34098.10	+397.82	22	4003.58	+53.64	11174.407	+149.896	3.756	141.20	80.95	
23	休（新嘗祭）								34194.06	+95.96	23	4027.26	+23.68	11285.318	+110.911	3.731	139.60	77.94	
24	28383.09	+267.35	13.11	2018.80	+24.05	796.58	+16.63	0.240	感謝祭		24								山一自主廃業から25年
25	28283.03	-100.06	9.99	2018.00	-0.80	799.62	+3.04	0.250	34347.03	+152.97	25	4026.12	-1.14	11226.356	-58.962	3.686	139.15	76.28	
	⊕383.26(+1.37%)					⊕17.06(+2.18%)			⊕601.34(+1.78%)		26			⊕80.293(+0.72%)					
											27								
28	28162.83	-120.20	11.32	2004.31	-13.69	801.23	+1.61	[illegible]	33849.46	-497.57	28	3963.94	-62.18	11049.499	-176.857	3.686	138.90	77.28	
29	28027.84	-134.99	11.56	1992.97	-11.34	803.32	+2.09	0.250	33852.53	+3.07	29	3957.63	-6.31	10983.779	-65.720	3.683	138.70	78.20	
30	27968.99	-58.85	16.64	1985.57	-7.40	793.51	-9.81	0.250	34589.77	+737.24	30	4080.11	+122.48	11467.996	+484.217	3.747	138.10	80.55	

「海外の指標」については、夕刊にドル円（為替）、海外の株式市場の終値、ＮＹダウ平均株価の終値が出ており、米国株、ＳＰ５００の終値、米国10年国債の金利が掲載されている。

以上のように見ていけば日経新聞の朝夕刊から各指標の数値を写すことができるが、野村證券やＳＢＩ証券などの証券会社のウェブサイトからも同様の数値を拾うことができる。

ただし、こうしたサイトは、各市場の数値を見ることができるものの、特に**為替マーケットは24時間動いているので、基本的に同じ時間の数値を取るよう**にするべきだ。

⑦SP500 終値(pt)	前日比 ±(pt)	⑧NASDAQ指数 終値(pt)	前日比 ±(pt)	⑨米国10年 金利(%)	⑩NY為替 ドル/円	⑪WTI $/bbl	コメント

● (　　　)年　　月

日付	①日経平均株価終値(円)	前日比±(円)	②出来高(億株)	③TOPIX終値(pt)	前日比±(pt)	④マザース指数終値(円)	前日比±(円)	⑤10年国債金利(%)	⑥NYダウ平均株価終値($)	前日比±($)
1										
2										
3										
4										
5										
6										
7										
8										
9										
10										
11										
12										
13										
14										
15										
16										
17										
18										
19										
20										
21										
22										
23										
24										
25										
26										
27										
28										
29										
30										
31										

要は**定点観測することが大切**である。海外の市場とはタイムラグがあるため、たとえばNY為替の動きについては、日経新聞の夕刊から毎回数値を拾うといいだろう。私の場合は、売買高（アスクビット）の中間の数値を取るようにしている。

これらのサイト以外でもデータを拾うことは可能だ。日経新聞だけがデータの拠《よ》り所ではない。私は長年の習慣で、日経新聞と野村證券のサイトを利用するようにしている。

指標ノート作りの手法①

11項目の数値を順番に記入

私は指標ノートの項目を11に区分し、日付欄は見やすさを考えてマーケットが開いている5日ごとに2行あきにし、右に向かって以下の順番で各数値を記入している。

①日経平均株価→その日の終値（円）を記入。右隣の欄に前日比を記入。
②出来高→その日の出来高を億単位で記入。

❸TOPIX（東証株価指数）↓その日の数値を記入。右隣の欄に前日比を記入。

❹マザーズ指数終値↓その日の数値を記入。右隣の欄に前日比を記入。

❺10年国債金利（％）

❻NYダウ平均株価終値（＄）↓右隣の欄に前日比を記入。

❼SP500終値（pt.）↓右隣の欄に前日比を記入。

❽NASDAQ指数終値（pt.）↓右隣の欄に前日比を記入。

❾米国10年金利（％）

❿NY為替（＄／円）↓日経の夕刊から売買高（アスクビット：売り気配値・買い気配値）の中間の数値を記入。

⓫WTI（＄／bbl）

そして、私が特に注視している数字が、市場の勢いや力強さを表している**❷出来高**、景気の先行指数となる**❺10年国債金利**、IT企業を含めた米国株式市場の動きを表している**❽NASDAQ指数終値**、である。

図表3　日経新聞からここを写すだけ

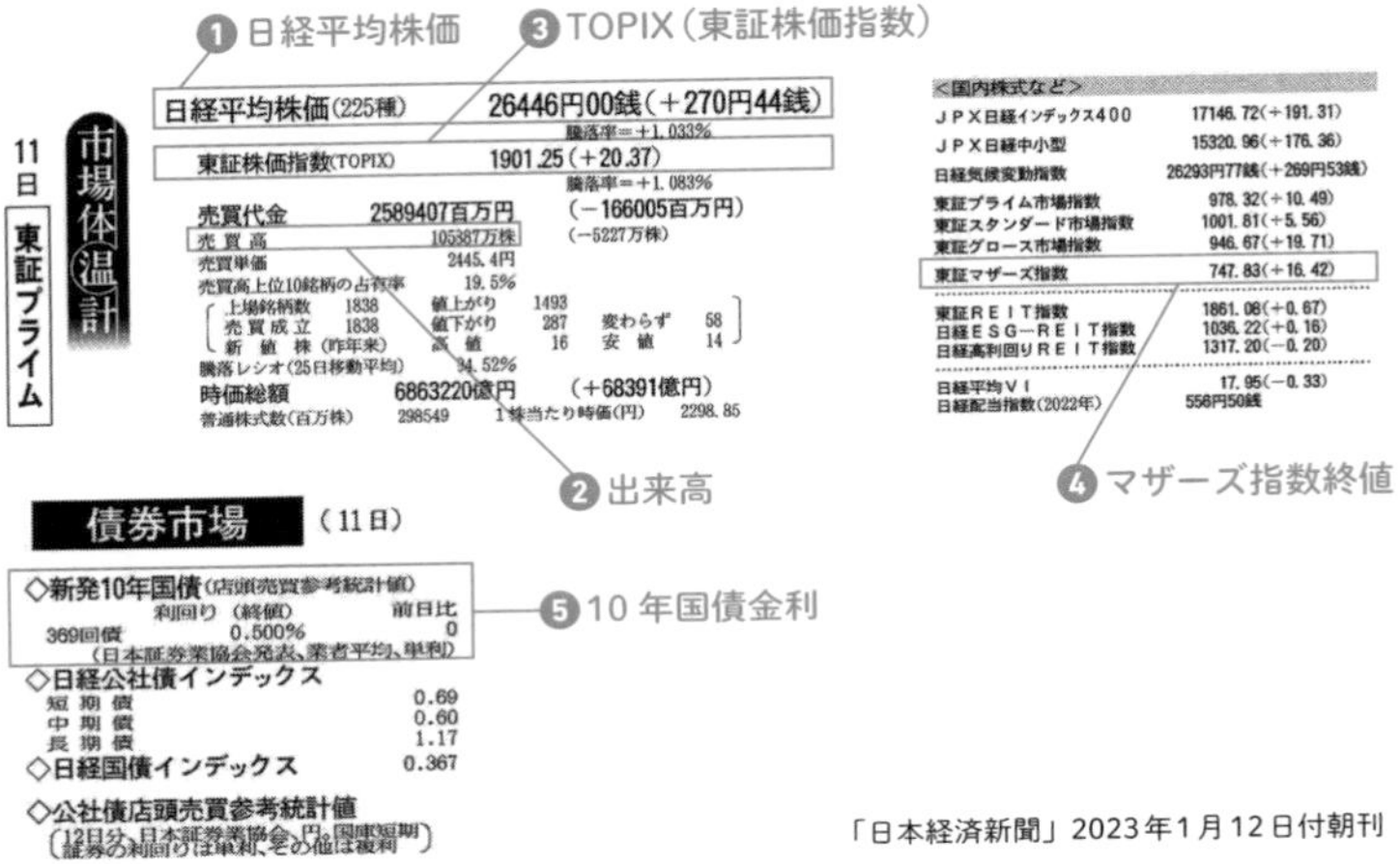

「日本経済新聞」2023年1月12日付朝刊

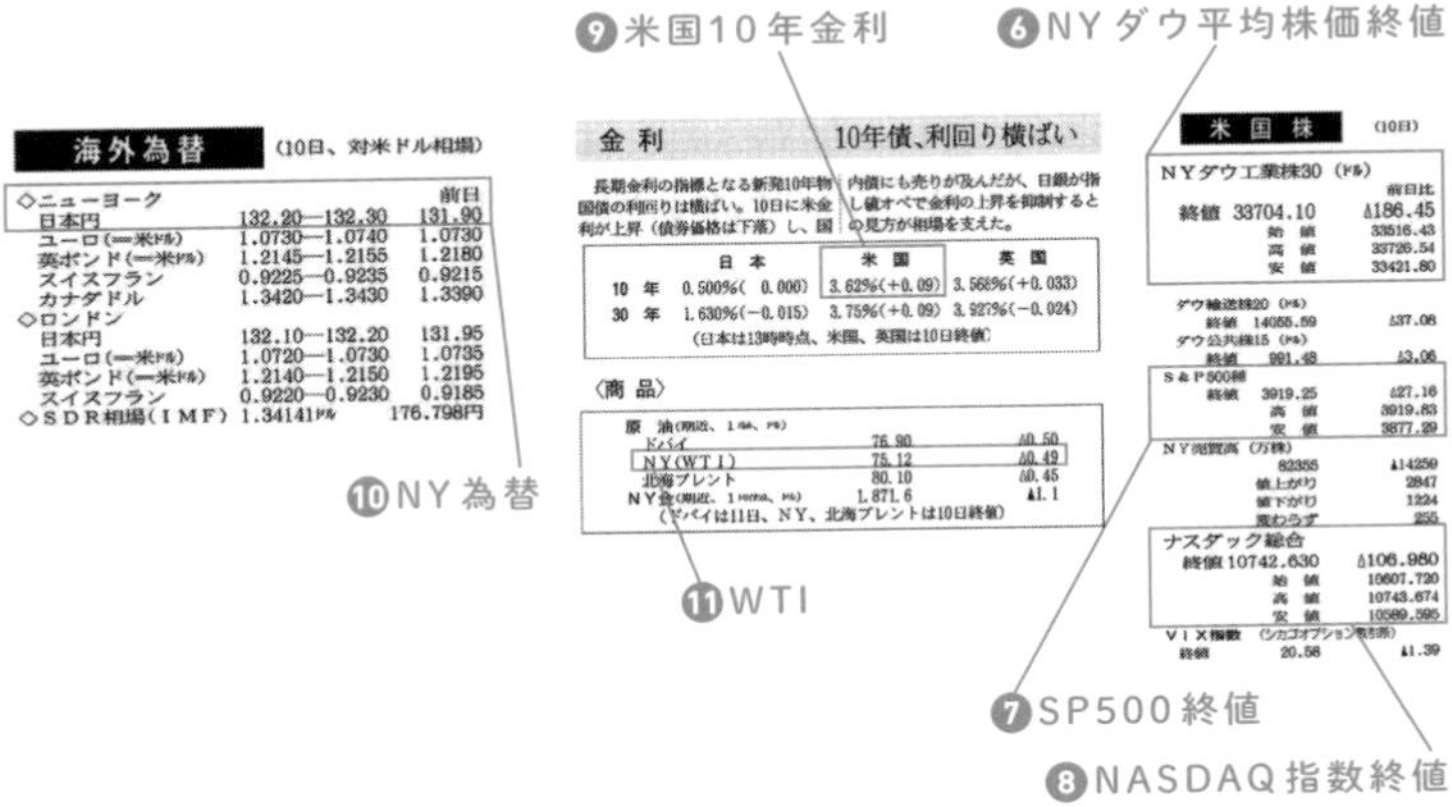

「日本経済新聞」2023年1月11日付夕刊
欧米株、為替、金利は、マーケット・投資欄、米国株は証券・商品欄より

指標ノート作りの手法2

最も重要なコメント欄

気になった見出しや
自分なりのコメントをメモ

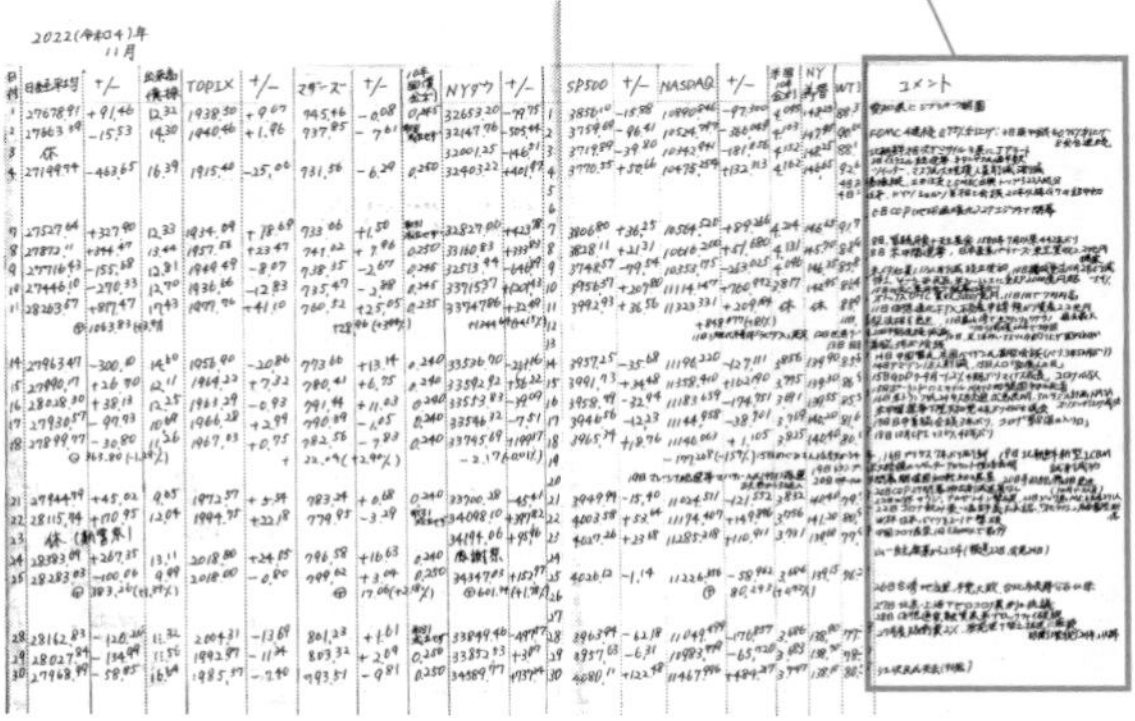

最後のコメント欄は最も重要で、日経新聞を読んでいて気になった見出しや自分なりのコメントをメモしておく。

なぜこの欄が重要かというと、**後日、読み返したときに、ある日の見出しやコメントが別の日の見出しやコメントと関係している**のが見えてくるからである。

なお、コメント欄が狭いと感じた場合は、他の項目の左右スペースを縮めるなり、適宜調整したりするとよいだろう。コメント専用に別のノートを用いるのもアリだ。

日経新聞の見出しや記事からキーワードを拾うだけでなく、自分なりの気づきをコメント欄にメモしておくことが大切になる。そのためには、ただ漫然と紙面を眺め、見出しや記事に目を通すだけではダメだ。

常に**「あれっ、これって何だ？」と関心を寄せたり、疑問に思ったり**するように心掛けたい。

ただし、先に述べたとおり、記事に書かれている事実だけを読み取るようにして、「当たっている・当たっていない」、あるいは「良い・悪い」といった感情を差し挟まないことが肝要だ。

指標ノートを作成していると「時事」の気づきが得られる

私は、四季報読破と同様に「指標ノート作り」と「日経新聞の切り抜き」をこれまで25年間続けている。足元の世界全体の潮流を読み取るために、この2つによって得た「時事」の気づきを3カ月に一度、当塾で解説している。

私が、2022年5〜7月の3カ月に拾い上げた主なコメントをテーマ別に一覧化したのが次の見開きページの図表4である。

どのように考えながら指標ノートのコメントを記入していったのか、再現したい。

○世界経済、金融政策、マーケットの動き

まず、最初の左上の項目欄「世界経済、金融政策、マーケットの動き」を見ると、世界が利上げ方向にあることがわかる。6月17日には「**日銀決定会合『金融緩和維持』**」と記入しており、「円安ドル高」という状況で、なぜ日銀だけが金融緩和維持を続けているのか疑問に感じた人が多いだろう。

また、この項目欄には「○年ぶり」というトピックスが多く、特に5月20日の「**NYダウ8週続落、1932年以来90年ぶり**」というコメントが目を引いた。

5月25日	北朝鮮ICBM含む3発発射（※米大統領離日直後）
5月31日	政府「新しい資本主義」実行計画案公表
6月7日	政府「新しい資本主義」、骨太の方針閣議決定
5月11日	経済安保推進法成立
5月15日	沖縄本土復帰50年
6月10日	訪日客解禁
6月15日	こども家庭庁法成立
7月8日	安倍元首相、奈良で銃撃、17:03死亡
7月10日	第26回参議院選、自民単独過半数、改憲勢力2/3以上
7月14日	安倍氏秋に国葬（※政治家としては吉田茂以来2人目）
7月15日	日本共産党創立100年
7月22日	22年版防衛白書「台湾の有事想定」初記載
7月28日	佐渡金山世界遺産登録24年以降に
7月29日	経済財政白書、脱デフレ「賃上げ必要」

電力の大政奉還	
6月7日	夏の電力逼迫、7年ぶり全国節電要請
6月17日	福島原発事故、国の責任認めず（最高裁）
6月26日	東電管内、電力逼迫、初の注意報
6月30日	福島大熊町避難解除（※福島第一原発立地で初）
7月11日	初の「節ガス」議論入り
7月13日	東電旧経営陣に13兆円賠償命令、株主代表訴訟で
7月14日	全住民避難の福島双葉町8/30一部避難解除11年5カ月ぶり
7月14日	原発冬に最大9基稼働

米国のネット系の変化	
7月8日	イーロン・マスク氏、ツイッター買収撤回通知
7月19日	ネットフリックス4～6月会員97万人減
7月26日	秋葉原無差別殺傷の加藤死刑囚、死刑執行
7月27日	メタ4～6月上場来初の減収
7月28日	アマゾン2期連続赤字

日本企業の動き	
5月10日	任天堂31年ぶり株式分割
5月10日	ソニーグループ初の営業利益1兆円超え
5月11日	トヨタ前期営業利益2兆9956億円最大
5月12日	ソフトバンク前期1.7兆円の赤字過去最大
5月26日	日本郵船株式分割（1985年以降で初）
7月2日	KDDI全国で通信障害

コロナとサル痘の状況	
5月12日	北朝鮮コロナ感染初表明
5月21日	欧米で「サル痘」感染確認
6月1日	中国上海ロックダウン実質解除
6月27日	コロナ増加傾向
7月19日	コロナ感染最多11万人
7月20日	塩野義コロナ治療薬承認見送り
7月23日	WHO「サル痘」緊急事態宣言
7月23日	コロナ国内20万人
7月25日	「サル痘」国内初確認
7月28日	国内で「ケンタウロス」確認
7月29日	コロナ分類見直し、専門家検討

宇宙の動きと自然災害など気候問題	
6月25日	群馬県伊勢崎市40.2℃、6月最高気温更新
6月27日	関東甲信越梅雨明け史上最速
7月21日	「火星食」24年ぶり
7月22日	鬼怒川水害、国に賠償命令
7月22日	米ヨセミテ公園山火事、カリフォルニア非常事態宣言
7月24日	鹿児島桜島噴火「レベル5」

未来に向けた大きな動き	
5月12日	銀河系ブラックホール初撮影
6月6日	はやぶさ2、砂に生命の源アミノ酸初検出
7月18日	大阪万博「あと1000日」、キャラ愛称「ミャクミャク」

図表4　2022年5月〜7月の指標ノートに記載したコメント

世界経済、金融政策、マーケットの動き	
5月3日	豪11年半ぶり利上げ
5月4日	米FRB0.5%利上げ（利上げ幅22年ぶり）
5月6日	ナスダック5週連続続落9年半ぶり
5月20日	NYダウ8週続落、1932年以来90年ぶり
6月9日	ECB11年ぶり利上げ
6月15日	米FRB 0.75%利上げ（幅27年7カ月ぶり）
6月16日	スイス中銀0.5%利上げ「-0.25%」へ15年ぶり
6月17日	日銀決定会合「金融緩和維持」
6月23日	ノルウェー0.5%利上げ（幅20年ぶり）
6月23日	個人の株買い越し7000億円（※18年2月以来の高水準）
7月1日	ユーロ圏物価8.6%上昇過去最高
7月13日	1ユーロ1ドル割れ20年ぶり
7月19日	内閣府景気の谷「20年5月」正式決定
7月21日	ECB11年ぶり利上げ（上げ幅22年ぶり）
7月27日	米FRB0.75%利上げ
7月28日	米国GDP4-6月2期連続マイナス（Tクニカルリセッション）

国際情勢①：中国・ロシアの動き	
5月3日	英BPロシア撤退、損失255億ドル(3.3兆円)
5月4日	EUロシア産石油禁輸
5月8日	首相ロシア産石油禁輸を表明
5月9日	ロシア対独戦勝記念日
5月16日	米マクドナルド、ロシア撤退
5月23日	中国滴滴、米国上場廃止
5月26日	国連安保理、北朝鮮制裁案、初の否決（中ロが拒否権発動）
6月26日	ロシア国債デフォルトか？ 100年ぶり
7月1日	香港返還25年
7月3日	中国個人情報10億人分流出か
7月6日	スリランカ破産国家宣言、ロシアに燃料支援要請
7月16日	中国習近平、8年ぶりに新疆訪問
7月26日	ISSロシア離脱へ
7月28日	米中電話協議

国際情勢②：「対」中国・ロシアの動き	
5月9日	フィリピン大統領選、マルコス氏親中路線
5月10日	韓国伊大統領日米重視
5月12日	フィンランドNATO加盟表明
5月16日	スウェーデンNATO加盟表明
5月21日	バイデン、韓国伊氏首脳会談
6月28日	北欧2国NATO加盟、トルコが一転支持へ
6月30日	フィリピン・マルコス大統領、対中融和修正、米と協調
6月30日	NATO首脳会談、ロシアを最大で直接の脅威と定義、新戦略に「中国」明記
7月29日	日米外務・経済担当閣僚会議「経済版2+2」、次世代半導体で協力

国際情勢③：英国・米国の動き	
5月24日	米国内小学校で銃乱射21人死亡
6月12日	英エリザベス女王在位70年126日（※ルイ14世に次ぐ史上2番目）
6月24日	米国最高裁、中絶規制容認1973年判断否決
6月25日	米国内銃規制法案28年ぶりに可決
7月7日	英ジョンソン首相辞任表明
7月13日	バイデン大統領、イスラエル訪問、米大統領5年ぶり
7月26日	トランプ氏出馬に意欲

国際情勢④：その他の動き	
5月17日	インド太平洋経済枠組み（IPEF)、日本で発足発表
6月19日	コロンビア大統領、ゲリラ出身ペトロ氏、初の左派政権
6月20日	杉並区長選、新人・岸本聡子氏、女性区長3人目
7月11日	国連11月に世界人口80億人に達すると発表（※23年にインド世界最多に）
7月31日	ミャンマー非常事態宣言を半年延長

日本の政治と政策	
5月5日	岸田首相英シティで「資産所得倍増」講演
5月23日	日米首脳会談（八芳園「壺中庵（こちゅうあん)」)

◎国際情勢　①中国・ロシアの動き

2つ目は、国際情勢①として中国・ロシアの動きをまとめている。5月4日のコメント「**EUロシア産石油禁輸**」はロシアによるウクライナ侵攻に対するEUの制裁措置である。5月16日のコメント「**米マクドナルド、ロシア撤退**」、6月26日の「**ロシア国債デフォルトか？ 100年ぶり**」というコメントは、**情報戦のよう**にも思えた。

◎国際情勢　②「対」中国・ロシアの動き

3つ目は「対」中国・ロシア、つまり中・ロと逆側の動きをまとめている。このコメント欄を見ると、5月12日の「**フィンランドNATO加盟表明**」に代表されるように、世界の対立軸は概ね中国・ロシア側につくのか欧米側につくのかとなっている。日本は従来どおり親米路線に変わりはない。

7月29日のコメント「**日米外務・経済担当閣僚会議『経済版2＋2』、次世代半導体で協力**」は、**日米関係の現状を象徴している**ように思えた。

国際情勢　③英国・米国の動き

これも対立軸の話で、5月24日の「**米国内小学校で銃乱射21人死亡**」、6月24日の「**米国最高裁、中絶規制容認1973年判断否決**」、6月25日の「**米国銃規制法案28年ぶりに可決**」というコメントから、アメリカ国内にも依然として対立軸があることがわかる。

また、7月7日のコメント「**英ジョンソン首相辞任表明**」からは、英国の政治体制の転換を読み取ることができる。これを契機にEU圏の大きな変化が予想できるだろう。直近の動きとしてイタリアが極右派政権に移行したことは、顕著な例と言える。

つまり、**ロシア・ウクライナ戦争が招いたエネルギー価格の高騰、物価高がEU全体に広がり、各国とも内政重視になっていく可能性が非常に高い**。この動きはEU圏に止まらないと感じた。

国際情勢　④その他の動き

この欄で目を引くのは7月11日の「**国連11月に世界人口80億人に達すると発表**（※

23年にインド世界最多に)」というコメントだ。要は、**この転換期を契機に世界はいよいよ人口減少に向かっていくことを示唆**している。

○日本の政治と政策

次に、図表4の右側一番上の「日本の政治と政策」についてまとめた欄を見ると、5月5日の「岸田《きしだ》首相英シティで『**資産所得倍増』講演**」、6月7日の「**政府『新しい資本主義』、骨太の方針閣議決定**」というコメントから、岸田政権の政治姿勢がうかがえた。

そして、何と言っても7月8日に記した「**安倍《あべ》元首相、奈良で銃撃、17：03死亡**」という出来事は衝撃的であった。

その後、7月10日の「**第26回参議院選、自民単独過半数、改憲勢力2／3以上**」、7月14日の「**安倍氏秋に国葬**（※政治家としては吉田茂《よしだしげる》以来2人目）」などのコメントが続き、岸田政権は参議院選に圧勝したものの、統一教会問題、国葬問題で野党から追及される状況になった。

電力の大政奉還

この欄の6月7日の「**夏の電力逼迫、7年ぶり全国節電要請**」から7月14日の「**原発冬に最大9基稼働**」までの一連のコメントを見ると、電力は安全保障的な意味合いが強いインフラであり、本来、民間に自由化できるものではないことを示唆している。

米国のネット系の変化

この項目欄の、一見して他のコメントと関係ないように思える7月26日の「**秋葉原無差別殺傷の加藤《かとう》死刑囚、死刑執行**」はネット社会の負の側面で、7月19日の「**ネットフリックス4〜6月会員97万人減**」、7月27日の「**メタ4〜6月上場来初の減収**」などのコメントに顕れているように、SNSを中心とした**Web2（次世代のWeb）の隆盛ぶりが終了を迎えたことと時期を同じくしているので、その転換点を象徴する出来事**として記した。

◎日本企業の動き

この欄には株式分割の話などがあり、5月10日に「**ソニーグループ初の営業利益1兆円超え**」、5月11日には「**トヨタ前期営業利益2兆9956億円最大**」というコメントがある。その一方で、5月12日の「**ソフトバンク前期1・7兆円の赤字過去最大**」というコメントは真逆の動きとして際立っていた。

◎コロナとサル痘の状況

コロナ禍が終息に向かいつつあると言われているなか、5月21日のコメントとして「**欧米で『サル痘《とう》』感染確認**」、また7月25日のコメントとして「**『サル痘』国内初確認**」と記しており、新たな感染症の広がりが懸念された。

◎宇宙の動きと自然災害など気候問題

この欄の6月25日の「**群馬県伊勢崎市40・2℃、6月最高気温更新**」などの一連のコメントからは、地球温暖化がもたらす弊害、それへの対応・備えを考えさせられた。

未来に向けた大きな動き

この欄では6月6日のコメント「**はやぶさ2、砂に生命の源アミノ酸初検出**」、7月18日のコメント「**大阪万博『あと1000日』**」、キャラ愛称『ミャクミャク』」が目を引いた。

以上のように2022年5〜7月の指標ノートから世の中の動きを見ると、足元の状況として大きくクローズアップされるのが、**①円安ドル高**、**②ウクライナ情勢**、**③岸田政権の経済政策**、**④産業構造の転換で「稼ぐ力」を！**であり、私は以下のように考えている。

ただし、②と④については、過去の日経新聞切り抜きファイルの記事、コメント欄の記述も引用しつつ考察している。

指標ノートからの気づき

①円安ドル高

現在、注目されている「**円安ドル高**」についてである。日米の金利差は約3%、インフレ率の差は約6%と、アメリカのほうがインフレ率は圧倒的に高い。なので、円よりドルの価値が下がるのではないか、したがって「円高ドル安」になってもおかしくないと考えがちだ。基本的にインフレであれば物価が上昇し通貨は安くなるはずなので、そう考えるのも無理のない話である。

しかし、現在の為替相場については、**ドルが円に限らずユーロ、ポンド、韓国ウォンなどあらゆる通貨に対して高くなっていることを認識する必要**がある。

その背景としては、世界経済がコロナ禍によって打撃を受け、サプライチェーン（供給網）の停滞で様々なモノが高くなり、インフレが発生し、特にコモディティ（商品）の価格が高騰したことなどが挙げられる。だが、こうした背景に関係なく、国際貿易は基軸通貨であるドルによって決済されるので、端的に言えば**世界はいまドル不**

足に陥っている状態だ。

次いで指摘しておかなければならないのは、アメリカの財政出動についてである。アメリカが大きな財政出動をするとなると、もちろん米国債の発行が伴うわけで、その米国債の一番大きな買い手となってきたのはＦＲＢである。だが現在、ＦＲＢはＱＴ（量的引き締め）の方針を変えることなく米国債を買わない状態になっている。

一方、**世界中の投資家は、アメリカが一番安全だということで米国債を買い、日本も米国債を買っている**。米財務省が２０２２年６月15日に公表した４月の国別の米国債保有高によれば、日本は１兆２１８０億ドルと３月の１兆２３２０億ドルから減少したものの、首位の座を維持している。保有高が減った要因は、円安ドル高の進行で日本の投資家が為替差益を得ようと米国債を売却した可能性も挙げられている。

２位の中国の米国債保有高は１兆３億ドルで、やはり３月の１兆３９０億ドルを下回り、２０１０年５月の８４３７億ドル以来約12年ぶりの低水準となっている。その要因は、ＦＲＢが大幅な利上げを示唆して米国債価格が下落したなかで、損切りの動きが広がったことである。

つまり、世界中がドル不足に陥っている状態で、その上、最大の買い手であるはずのFRBが、自らのバランスシートが膨らむのを避けるためにQTの方針を打ち出したということは　さらにドルが必要になることを意味する。

また、依然としてウクライナ情勢の出口は見えず、世界大戦の可能性もあり得るので、リスク資産を安全なドルに変える動き、つまり「**有事のドル買い**」もドル高に拍車をかけている。

ここまで円安が進んだ要因として**キャリートレード（金利の低い通貨で資金の調達をし、金利の高い通貨に変換して、高金利で運用することで利益を稼ぐ手法）も大きく関係している。**

とりわけアメリカの資産を買おうという動きが加速しているなかで、キャリートレード用の資金をどこから調達すればいいかといえば、**容易に調達できるのがジャパ**

ンマネーである。円を借りるのが一番安くつき、しかも円が目減りすれば借金が減ることになるので借り手としては万々歳だ。

そこにしつこいほどの日銀の金融緩和が続き円安を加速させることになった。しかし、キャリートレードが崩れ始めたときには、借り手側はあわてて借金を返そうとするので、逆に凄まじい勢いで巻き戻しが起きるはずだ。

指標ノートからの気づき

②ウクライナ情勢

現在、連日のようにロシア・ウクライナ戦争が報じられている。その報道は概ねウクライナ側（西側）からのもので、ロシア側からの報道は限られている。そして、西側諸国の人々は、ロシアが軍事演習の延長として一方的にウクライナに侵攻したのだから「ロシアが悪い」との印象を抱いているようだ。

だが、この紛争の真相を本当に語れる者がいるかと言えば、我々はプーチン大統領でもゼレンスキー大統領でもないので断定的なことは言えるはずもない。思い浮かぶことは憶測の域を出ない。

このように述べると、「お前はロシアの味方をするのか⁉」という叱責を受けそうだが、受けた印象や感情から物事を判断してはならない。私は先に述べた**「一方聞いて沙汰するな」を常に実践**するようにしている。

指標ノートからの気づき

③岸田政権の経済政策

先に、2022年5月5日の**「岸田首相英シティで『資産所得倍増』講演」**、6月7日の**「政府『新しい資本主義』、骨太の方針閣議決定」**というコメントを紹介した。この両者の内容について調べてみると、金融庁が9月12日付で発表した説明資料によれば、**「資産所得倍増プラン」**と題して次のように書かれており、論旨はほぼ同じだ。

・経済財政運営と改革の基本方針2022（骨太の方針2022）→我が国の

個人金融資産2000兆円のうち、その半分以上が預金・現金で保有されている。投資による資産所得倍増を目指して、NISA（少額投資非課税制度）の抜本的拡充や、高齢者に向けたiDeCo（個人型確定拠出年金）制度の改革、国民の預貯金を資産運用に誘導する新たな仕組みの創設など、政策を総動員し、貯蓄から投資へのシフトを大胆・抜本的に進める。これらを含めて、本年末に総合的な「資産所得倍増プラン」を策定する。

・新しい資本主義のグランドデザイン及び実行計画→ 個人金融資産を全世代的に貯蓄から投資にシフトさせるべく、NISA（少額投資非課税制度）の抜本的な拡充を図る。また、現預金の過半を保有している高齢者に向けて、就業機会確保の努力義務が70歳まで延びていることに留意し、iDeCo（個人型確定拠出年金）制度の改革やその子供世代が資産形成を行いやすい環境整備等を図る。これらも含めて、新しい資本主義実現会議に検討の場を設け、本年末に総合的な「資産所得倍増プラン」を策定する。

要は、我が国には個人金融資産が2000兆円もあるが、そのうちの1100兆円が現預金に滞留《たいりゅう》しているので、その膨大な現預金を投資に回してほしいということだろう。しかし、〝貯蓄好き〟の国民に投資を促すのは容易ではないと思われるし、「資産所得倍増プラン」の具体的な施策内容がまだ判然としないだけに何ともいえないが、「**個人金融資産の流動化**」を促進するには余程大胆な政策を打ち出さない限り、このプランは絵空事に終わりかねない。

「資産所得倍増プラン」という言葉から、1960年（昭和35年）に池田勇人《いけだはやと》内閣が掲げた「**所得倍増計画**」が想起される。同内閣は10年間で国民所得を2倍にすると宣言し、高度経済成長を背景に国民1人当たりの消費支出を10年で2・3倍に拡大した。

1972年（昭和47年）には、田中角栄《たなかかくえい》内閣の「**日本列島改造論**」という構想が打ち出された。過密都市から地方への工業分散、新地方都市の建設、高速道路・新幹線などの高速交通網の整備を柱とし、過密と過疎の弊害を同時に解消すること、産業・文化・自然が融和した地域社会を全国土に広めることを目的とした。

この両構想に対しては、自然破壊、公害の拡散、地価高騰を招くなどの批判があったが、日本経済を活性化させたことは確かだろう。また、安倍晋三《しんぞう》第2次政権の構想「**アベノミクス**」についてもいまだに賛否両論あるものの、2009年に7000円台まで下がっていた日経平均株価を「**異次元の金融緩和**」の断行によって、一時3万円台まで回復させた功績は大きい。

この他、竹下登《たけしたのぼる》政権の「**ふるさと創生事業**」、小泉純一郎《こいずみじゅんいちろう》内閣の「**聖域なき構造改革**」による**郵政改革**など、歴代政権の経済政策も思い出される。しかし、岸田政権が主導した「全国旅行支援」や外国人観光客を呼び込むための「水際対策緩和」も結構だが、日本経済を本格的に再生するには、対症療法的な対策ではおぼつかない。歴代内閣の経済政策以上に、大胆かつ強力な経済対策を推し進める必要があるだろう。

岸田総理は経済対策を説明する際に「経済の好循環が生まれる」という言葉を使っている。この言葉が意味するところは、「投資→リソース（ヒト・モノ・カネなどの資源）の効果的運用→生産性向上→利益拡大→再投資」という流れではないかと推測する。だが、私は基本的に**経済の好循環は「稼ぐ力」をつけなければもたらされない**と考えている。

指標ノートからの気づき

④産業構造の転換で「稼ぐ力」を！

「稼ぐ力」は産業構造の転換を図ることによってもたらされるはずだ。

国際競争に負けないように産業を強化・育成し、企業の収益アップと賃金引き上げを図り、国民が安心して豊かな生活をおくれるようにするには、日本の弱みを補い、強みをさらに発揮できるようにする必要がある。しかも同時に行うことが重要で、スポーツでディフェンスとオフェンスの両方が大切になるのと同じだ。

先に紹介した図表中の「米国のネット系の変化」という項目欄から、Web2が終了を迎えているコメントをいくつか紹介した。2022年7月27日の「**メタ4〜6月上場来初の減収**」、7月28日の「**アマゾン2期連続赤字**」というコメントからも、いわゆる**GAFA（グーグル、アップル、フェイスブック、アマゾン・ドット・コム）のピークが一区切り**をつけたように思う。

また、2021年7月5日のコメント欄に「**アマゾン、ベゾス氏CEO退任（27年）**」と記入しており、これは27年間、アマゾンを率いてきたベゾス氏が退任したというニュースだ。次に彼が何を目指したのかというと、同月20日の「**ベゾス氏初の民間有人宇宙飛行**」というメモを見ればわかるとおり〝**宇宙**〟であり、この記事はアマゾン衰退の予兆だったのかもしれない。

しかも〝**民間**〟という点に大きな意味があるように思われた。また、同月11日にも「**ヴァージン・ギャラクティック、有人宇宙飛行成功**」とメモしており、2021年が宇宙元年の様相を呈しているように感じられる。

ちなみに民間人が普通に宇宙に行けるということは、民間人が普通にUFOを目撃する可能性があるということだ。それを見越したかのように、同年6月26日の「**米報告書UFO安保上の課題に**」という記事で、暗に米国がUFOの存在を認めている点でタイミングが一致しているのは面白い。

話を戻すと、アマゾンのケースで思い起こされるのが、一度行き渡ったモノやサービスは飽和状態を迎え、他のモノやサービスに置き換わり、やがて衰退していくということである。たとえば、電車に乗れば、ほとんどの人がスマホを操作し、小さな画面に向き合っていて、これ以上スマホの需要が伸びるとは思えなかったりする。需要を拡大するには利便性を高めることと、価格競争に負けないようにすることしかない。

つまり、**どのような産業・製品、システムやサービスも人の一生と同じように誕生↓成長↓隆盛↓衰退の道をたどることを知っておく**必要がある。

このように**指標ノートを記録し続けることで、点と点の小さな気づきが串刺しとなり、マクロな視点で世の中の構造を浮き彫りにする**ことができる。

第2章

〝変化〟をつかむ「日経新聞」の読み方

日経新聞は「当たる・当たらない」で読むものではない

メディアが発表するニュースやアナリストたちの解説について、「それは当たっていない」と批判する人がいる。日経新聞についても然りで、初めから「当たらないから日経新聞は読まない」と決めつけている投資家も結構いる。

確かに新聞社には社説のように論調があって、読者の好みを左右するのは頷《うなず》ける。しかし、重要なことは、書かれている記事をいかに有効活用するかである。受け止め方は自由だが、日経新聞を「当たる・当たらない」という視点で読むのは間違いであり、四季報についても同様のことが言える。

日経新聞に掲載されている日経平均株価、出来高等々は、結果としての数値であるから、元々「当たる・当たらない」という視点で読むものではない。指標ノート作りに際しては各数値を淡々と書き写せばよく、記事を読んで気づいたことをコメント欄にメモしておけばよいだけの話だ。

ただし、**指標ノートのコメント欄に何を書くかが、様々な出来事の変化をとらえるために重要**だ。次の3つの視点で日経新聞を読むようにするとよいだろう。

❶**何が書いてあるかを理解する**…記事の内容をそのまま受け止めるようにし、「この記事は当たっていない」「この記事は事実誤認ではないか？」といった感想を差し挟まないようにする。

❷**考えをまとめる**…記事の内容を把握した上で自分の意見を明確にする。

❸**記事の内容と反対の見方をする**…「しかし、こういう見方もできる」という自分の意見を加える。

同じ記事を読んでも、受け止め方は各人各様で異なったものになるはずだ。だが、とりわけ❷❸の読み方をすることによって、書かれている記事を有効活用できるようになる。

そして、肝に銘じておかなければならないのは、**とにかく続けること**である。私自身、四季報読破も日経読み合わせも、その切り抜きと指標ノート作りも、始めた当初はきつく感じたことがある。単純とも言えるこれらの作業が役立つ時が本当にくるのかと思ったり、正直に言えば、さぼったりしたこともある。

しかし、慣れてくるとクセのようになって、1つの作業を忘れるとスッキリしないものだ。「継続は力なり」と言われているが、今やこの「三種の神器」の積み重ねは私の宝となっている。

情報は量を追うよりも質だ

多くの人が「情報は多ければ多いほどよい」という思い込みをしている。かつて私もその1人だった。しかし、情報の精度を高めるためといっても情報の量が多ければよいというわけではない。また、読者の中には「四季報読破・日経新聞の切り抜き・指標ノートだけで情報は足りるのか？」と思われる人もいるかもしれない。

私が証券会社時代に「日経新聞の読み合わせ会議」を始めた当初は、一般紙、業界紙、専門紙も読み合わせの対象にしていて、各自が得た情報を要約し共有していた。そして、こうした方法は広く情報を集めるためには、それなりの効果があると思っていた。

だが、得られた多くの情報の中から活用できる情報をいかにして絞り込むかのほうが重要で、「**情報は量を追うよりも質だ**」ということに気づいた。これ以降、私が主宰していた読み合わせ会議では、日経新聞のみを対象にするようにした。

この会議に臨むには、毎朝４時に起きて、一面のトップ記事から全ての記事を読み込んでおく必要があった。６時40分から会議に参加する部員は進行役の私から指名され、記事の要点や日々の出来事の背景を説明し、これはと思えるセクターや銘柄を選び出しなければならなかった。しかも指名された部員は、私から容赦《ようしゃ》のない質問を浴びせられるので、早朝から緊張を強いられていたことだろう。

私の質問に対する回答は、短い言葉であることを部員たちに求めた。だらだらと説明するのは容易だが、**記事に書かれているポイントとその背景を要約する訓練を続けていくと、記事を正しく理解し、物事を関連付けて考えられるようになる**と判断したからだ。

「情報の質」という点では、新聞の読み方に注意する必要がある。なぜなら、日頃、誰でも目を通しているはずの1面の記事中にある株式投資のテーマにさえ、気づかないことがあるからだ。

その要因は先入観を抱くことであり、日経新聞を読み慣れている投資家にありがちなことである。

また、小さな扱いの記事ばかりに惹かれ、「こんなに貴重な記事があった」と一喜一憂するケースもある。しかし、誰もが目にしている1面のトップニュースをはじめとして、**「この記事にはこう書いてあるが、こう見えないか？」と自分なりの付加価値を見出すことが株式投資に役立つ**のである。

日経新聞を読んだ気になってはいけない

また、よくありがちなのが「**読んだ気になる**」である。
「ビジネスパーソンとして日経新聞ぐらい読んでおかないと」という気持ちで紙面を開いてみても、その実、眺めているだけで内容を理解していない人がいる。あるいは、「自分は日経を読んでいるから大丈夫」と思い込んでいる人もいる。

とはいえ、記事の字面を眺めているだけでは読んだことにならない。大切なことは書かれている内容を読み込み、様々に思いを巡らせながら自分なりの考えを持つことだ。**日経新聞を読む際に気をつけなければならないポイントは、「変化をつかむ」「マーケットを把握する」「景気の動向を見る」の3つ**である。

新聞に限らず、読んだり聞いたりして「わかった気になる」というのは、ありがちなことだが、それは入手した書籍を読むことなく、机や本棚などに積んだままにしている「積読《つんどく》」に等しい。

それに、上っ面をなぞっただけで「わかった気になる」のは、とても危うく感じるし、新聞に書かれているから、テレビで言っているから間違いないだろうと妄信してしまうのも危険だ。

「わかった気になる」と「理解する」は本質的に違う。

前者は物事の判断を他者に依存するのと同じであり、後者は物事の判断を自ら行い、自分なりの答えを得るということだ。これは当塾のコンセプト「**自立した投資**」に通じる話である。

余談ではあるが、「依存」と「自立」という対比で思い起こされるのが『開運！なんでも鑑定団』というテレビ番組だ。様々な人が持参する〝お宝〟を専門家が鑑定し、値付けをするという内容で、意外なものが高価だったり、逆に高いと思われたものが二束三文だったりするので面白い。

偽物であることが明らかになって落胆するケースも多く、お宝の鑑定を依頼した人は、専門家から審美眼を疑われたりもする。この番組は、本物を見極めるのは難しく、それなりの勉強が必要になることを教えてくれている。

偽物をつかまされてしまうのは、勝手な思い込みで「これは本物だ！」と信じたいからだろう。先入観で物事を判断するのは非常に危うい。「信じる」と「わかる」は違う。さらに言うならば、日本語には「腑《ふ》に落ちる」という表現もあるわけで、「わからない」ときや「腑に落ちない」ときは、とりあえず「やめておく」が正解だろう。

加えて、巷間では様々なセミナーが開かれていて、投資目的のセミナーに参加する人が少なくないようだ。「依存」について言及すると、**依存心の強い人は投資に向いていない**と断言できる。なぜならば、「依存」とは「〇〇に任せる」ということで、それは何も考えないに等しいからだ。

何も考えずに、人任せで投資に成功するはずはないし、ラクして儲《もう》けられることなどあり得ない話だ。なかには「運用を任せていただければ、利益がどんどん増えて大きな資産が得られます」といった眉唾《まゆつば》ものの投資セミナーもある。せっかくの〝虎の子〟がなくならないように注意する必要がある。

どのような投資でも儲けるためには、それなりの努力をしなければならない。これはスポーツ界のレジェンドたちが言っている「練習は嘘をつかない」と同じことで、株式投資を行う上で欠かせないのが「四季報読破」「日経新聞の切り抜き」「指標ノート」の「三種の神器」なのである。

日経新聞を後ろから読む

「**日経新聞を後ろから読む**」こともお勧めする。その理由は、初めから読んでいると、日経新聞の論調にいつの間にか流されてしまいかねないからである。

どの新聞社も読者が1面から目を通すことを想定して、読ませたいと思っている記事から順番に構成している。だが、我々が新聞を読む理由は情報を入手したいからで、新聞社の論調や考え方に関心を持っているからではない。

ちなみに私の場合、日経新聞に書かれている記事を客観的にとらえるために、必要に応じて**日経新聞の対極にある東京新聞を読む**ようにしている。1つの事柄を別の視点から相対化することができるので、東京新聞の記事の切り抜きも日経新聞の切り抜きノートに添えるようにしている。

1面の記事は見出しも大きいし、文字数も多く、2・3面にも役立つ情報が多い。これらの紙面を先に読んでしまうと、それだけで「もう十分」という気になってしまい、**後ろのほうに出ている株式投資のヒントになる小さな記事を見逃してしまう可能性**がある。

もちろん、だからといって最初のほうの記事を読まなくてよいというわけではない。前半の紙面には世の中の大きな動きを伝えている記事が掲載されているので、必ず目を通す必要がある。しかし、そうした記事ばかりに惹かれることなく、株式投資に役立つヒントを得るには、日経新聞を後ろから読むのも1つの方法である。

要は日経新聞をどう読むかであって、そこに決まり事はないものの、ただ漠然と読むのではなく、多くの記事から活用できる記事を探し出して、何を読み取るかが大切になる。

なお、当塾で２０２２年５月13日の朝刊をもとに作成した「**複眼流『日経新聞』チェック✓シート**」を章末に掲載しているので参考にしていただければと思う。

日経新聞を効率的に読むコツ

日経新聞を読むのに何時間も費やせる人はいいが、ただ闇雲に時間を費やしてもそれほど重要でない記事に惹かれてしまう可能性がある。また、多忙な人なら各紙面をすみずみまで読むことは難しいだろう。

そこで覚えておきたいのが、**新聞を読むコツ**だ。

まず、どの新聞も見出しがあり、大見出し、中見出し、小見出しを読むだけでも、日々の出来事を知ることができる。次いで、大きく扱われている記事には大見出しのあとにリード文が付いているので、リード文を読めばその記事の概要がわかる。そしてその詳細は本文に書かれている。

つまり、**新聞は大・中・小の〝3段論法〟で構成されている**ということを再認識しておきたい。

日経新聞の構成は、その日のトップニュースが掲載されている1面から始まって、総合、政治・外交、経済・政策の紙面へ、次いでオピニオン、金融経済、グローバル市場、国際・アジアBiz、ビジネス・テック、投資情報、マーケット商品、マーケット総合、マーケットデータ、証券、経済教室、医療・健康、教育、特集、スポーツ、社会、文化という順番になっている。

どの紙面から読み始めてもいいが、**心掛けたいのは〝変化や転換点〟をつかむこと**だ。

日経新聞には国内外の政治・経済の変化、企業の業績、市場の転換点など、株式投資のヒントとなる情報が多く掲載されている。

変化や転換点を知るためには、見出しや記事中にある次の8つの言葉を探し出して、このキーワードに引っかかった記事があれば、その中身を読むようにする。

ついでに記事の要点に傍線を引くなど、マーキングしておけば記事の内容が頭に入りやすいし、切り抜いてファイリングした後に検索しやすくなるだろう。

❶ぶり（〇〇年ぶり、〇〇期ぶり　など）
❷年（〇〇年以来　など）
❸初（初期、史上初、世界初、業界初　など）
❹最（最高、最低、最長、最多、最大　など）
❺新（更新、新技術、新たな取り組み　など）
❻発（発見、発明、発表、日本発　など）
❼脱（脱〇〇、脱退　など）
❽改（改革、改正　など）

この8つの言葉は、見出しや本文によく使われているので見つけやすく、変化や転換点をピックアップするのに大いに役立つ。

たとえば、「○○分野の業績が**○○年ぶり**に回復」という記事があれば、○○分野が低迷期を脱したことが読み取れる。

また、「業界**初**の商品開発」という記事があれば、その商品には競合がいないという意味となり、近いうちに売れ行き好調になることが予測される。

「**初**の海外進出」という記事があれば、同業他社がこれに続き、その市場が拡大することが考えられる。

あるいは「**新**技術開発」と書かれていれば、その企業の業績や事業環境に何らかの変化が起こることが予測される。

他にも「**首位**、**転換**、**一転**」など、変化や転換点を示唆する単語があるので、先の8つの言葉を探すことに慣れてきたら、こうした単語にも注目するとよいだろう。

日経新聞からこれらのキーワードを見つけ出し、指標ノートのコメント欄に書き写す。私がこれまでどのような新聞記事の見出しを書き写し、どのように読み取ったのか、その一例を次に挙げておくので参考にしていただきたい。ただし、この見出しには前述した文字・単語がないことをお断りしておく。

◎「レールガン　極超音速兵器を迎撃」（指標ノート　2022年1月5日）

なぜこの見出しを指標ノートに書き写したかというと、日経新聞が年明け早々、こうした記事を1面のトップに載せるのは、極めて珍しいからだ。

ちなみに、レールガンとは、電気を通しやすい素材でつくった2本のレールの間に、導電性のある弾丸をはさみ、電流を流して磁場をつくり、電磁力で超高速の弾丸を発射する最新兵器のことだ。それを防衛省が2022年度から開発を本格化しようとしていると報じていた。

翌6日には、この記事に呼応するかのように「**北朝鮮　マッハ5　極超音速ミサイル発射**」の見出しがあり指標ノートに記入している。

そして、2022年は何か不穏なことが起きるように思っていた矢先、この予感は**「ロシア　ウクライナに侵攻　ウクライナ全土非常事態宣言」**（2月24日）という形で現実のものとなってしまった。

このように株式投資は、森羅万象を織り込むと考えていて、気になる事柄を頭に入れるようにしている。とはいえ、記憶はうろ覚えで曖昧であったりするので、日経新聞を読んでいて気づいたキーワードを、その都度、指標ノートに記入しておくに越したことはない。

「○○年ぶり」や「初」のキーワードで記事を探す！

「最」（最高、最低、最長、最多、最古、最新）、「新」（新開発、新記録、新発売、新技術・・・）、「革新」、「脱」、何か変化を感じる言葉・・・

千葉の女児殺害、最高裁が上告棄却
侵攻後初の対外試合　/セルティック2季ぶり優勝　/大西・岩田が首位発進
京浜工業地帯の脱炭素化へ　/鉄道パーク開業1年、発進は堅調　/ヤマハ、アジア新興国で楽器販売
最大手の日鉄ステンレス　/都心オフィス空室率2カ月ぶり上昇
新株価指数を16日から算出　/新発債の日銀シェア極めて高く　/30年債入札低調
KNTCT黒字転換、今期最終4期ぶり　/リヴァィアン1-3月最終赤字　/納期が2年以上
シスメックス最高益　/セコム最高益　/西武HD最終黒字　/コスモHD純利益最高　/幹部発言AI分析
スバル60年ぶり国内新工場　/日産3期ぶり最終黒字、2年ぶり復配　/ANA夏の一時金2年ぶり支給
スリランカ新首相に親インド派　/マルコス氏、習氏は「関係発展を」　/ウィルマー 10年で最大100か所
メタバースで金融商品、技術革新も　/第一生命最高益更新　/大光銀と資本提携発表

アフリカに最大2億ドル、ワクチン支援　/北朝鮮でコロナ初確認　/新潟県知事、現新2氏立候補
世界の安保体制、北欧が対立の最前線に　/北朝鮮、ミサイル発射、3発以上5年ぶり
経常黒字、7年ぶりの低水準、化石燃料依存響く
沖縄復帰50年、対中国、摩擦の最前線に　/ソフトバンクG、赤字最大、前期最終1.7兆円

主に「データ」に注目して記事を探す！

（※さらに生産と販売の違いも注意！）、③世界⇒日本⇒業界⇒個別企業の順番で整理する

	11 面	21年世界の環境債発行額5024億ドル（65兆円、7割増）　/米国からの大豆輸出量1-4月821万トン（+5%）　/香港外貨準備4月4657億ドル（約60兆円）
	9 面	メタバース市場規模28年8289億ドル（110兆円、20年比20倍）　/ステーブルコイン時価総額22兆円、テラ1.4兆円
	5 面	21年労働力調査：宿泊・飲食サービス319万人、生活関連サービス169万人、農業・林業58万人、15-64歳生産年齢人口59.4%、1950年以来最低
	3 面	GAFAM 5/11時価総額：7.4兆ドル、昨年末ピーク10兆ドルから2.8兆ドル（360兆円）減った、東証プライム660兆円より大きい
	2 面	21年度経常黒字12兆6442億円（貿易赤字1兆6507億円）、22年度は4兆500億円予想（貿易赤字拡大予想）　/19年外国人観光客消費5兆円弱
	1 面	72年当時の中国のGDPは1130億ドル、日本の1/3程度　/北京市の人口2200万人
	面	
	面	

6272レオン自動機：前期「増収減益」、今期「増収増益」　6103オークマ：前期・今期「増収増益」

●複眼流「日経新聞」チェック✓シート（2022年5月13日朝刊）

①大きな変化・転換を知る　：新聞の**後ろ**からめくり、主に「**見出し**」に注目して

キーワードの具体例：	「〇〇年」（年ぶり、年以来）、「初」（史上初、世界初、日本初、業界初）、「発」（発見、発明、開発、日本発・・・）、「転換」、「反転」、「改正」、「改革」、	
紙面	キーワード	コメント
38 面	初、最	銀河系ブラックホール初撮影　/熱海土石流起点、所有者ら初証言/
37 面	初、ぶり、発	大坂がエージェント会社、女性アスリート初　/ウクライナサッカー代表
34〜33 面	最、新、脱、年、発	日本最古の国立寺院　/食用コオロギのチップスを刷新　/
31、25 面	脱、最、ぶり	マミートラック脱出の意志を　/ステンレスクロム系は最高値（14年ぶり）/
23 面	新、ぶり、年	大機小機新たな戦争の形　/反落、2カ月ぶり安値　/個人、6週ぶり売り越し/
21 面	最、新、ぶり、転換、年	東エレク最高益、470億円投資新開発棟　/日揮5期ぶり最終赤字に/
19 面	転換、改革、初、最、発	資生堂が黒字転換、構造改革一巡　/Jオイル、初の営業赤字　/
17、15 面	発、最、改革、ぶり、新	ウェザーＮ発電量予測　/NTT3期連続最高益、大胆改革　/
14〜12 面	発、新、年、最	幽霊レストラン80業態開発　/大鵬薬品抗がん剤開発　/
11、9 面	ぶり、年、革新、最、発	香港ドル買い介入3年ぶり　/元20年9月以来の安値　/
5 面	年、新、初	水素価格30年に1/3　/オミクロン新たな派生型、成田で国内初確認
4 面	新、転換、最、初、改革	維新、改革にやる気見えない　/日本、国防予算に転換を　/
3 面	新、最、発、ぶり	ソフトバンク新規投資も縮小、過去最大の赤字　/
2 面	脱、変革、ぶり	山形・きらやか銀「コロナ特例」活用検討、依存脱却へ問われる変革　/
1 面	新、年、最	フィンランドNATO加盟申請へ、新・東西対立　/
面		
面		

②世界・日本・企業の数字（マーケット）を知る　：新聞の**後ろ**からめくり、

具体例	紙面	①ストックデータに注目する、②フローデータに注目する
建設：インフラデータ、住宅着工	24 面	都心5区の平均募集賃料3.3㎡あたり2万328円（3月比−38円、0.19%）
製造業：粗鋼生産、化学品、食料消費量、自動車、スマホ	24 面	ウナギ国内養殖池投入21年11月-22年3月13.8トン（−18%）、稚魚の水揚げ10トン、20-21年東アジア全体で豊漁
電気ガス：発電量、埋蔵量	21 面	米「ディズニー＋」1億3770万人（3月末、21年12月末比＋6%、＋790万人）
情報通信：データ量、回線量	15 面	スバル世界販売73.4万台（−14.7%）、北米販売55.5万台（−16%）　/ロシアの医薬品市場175億ドル（約2兆円、20年）
運輸、郵便：輸送量、配達個数	14 面	21年料理宅配市場7909億円（19年比2倍）、料理宅配アプリ4月1282万人
卸売、小売：取引金額、販売金額	13 面	石油22年世界需要9935万バレル（＋180万バレル）、ロシア日量960万バレル、4月1040万バレル
金融：時価総額、金利、個人金融資産	13 面	1-4月米LNG輸出量2719万トン（＋21%）、内72%欧州向け1946万トン、21年1-4月欧州向け836万トンで2倍超に膨らむ
不動産：ストック、地価、REIT	12 面	韓国ネット通販利用者3700万人、クーパン利用者1794万人、1-3月売上高51億1668万ドル（約6600億円）
決算：経常利益に注目し、**大幅増益**もしくは**黒転**になっている企業をチェック	19面：5/12時点、製造業「増収減益」、非製造業「減収増益」 【事例】4414フレクト：前期「増収黒字転換」、今期「増収増益」	

「政策」や「GDP」に注目して記事を探す！

	紙面	マイナス（下落、減少、安い）
	面 面 面 面 面	
	24 面 24 面 面 面 面	都心オフィス空室率6.38％、2カ月ぶり上昇、賃料は下落 亜鉛建値3万9000円下げ
	面 面 面 面 面	

「キーワード」に注目して関連している記事を探す！

	（キーワード一例：リチウムイオン電池、人工知能（AI）、脱炭素など）
	キーワード①：国際情勢の変調（対立）
	1面：フィンランドNATO加盟申請へ　/沖縄復帰50年、対中国、摩擦の最前線に 3面：北欧が対立の最前線に　/北朝鮮、弾道ミサイル発射、3発以上5年ぶり 4面：EU大統領、岸田首相と会談「対中ロで連携強化を」 7面：「ロシア弱体化」掲げる危険、和平交渉の実現困難に 12面：マルコス氏に米中接近　/パキスタン政変 13面：スリランカ新首相に親インド派、欧米ともパイプ　/ロシア政府が経済制裁 23、31面：新たな戦争の形　/EU統合の前提揺らぎ試練 37面：ウクライナサッカー代表、侵攻後初の対外試合
	キーワード③：新たな動き
	2、5面：スバル、EV専用工場　/水素価格30年に1/3、クリーンエネ戦略、アンモニアも支援 9面：メタバースで金融商品、広がる市場、技術革新も 12、14面：ウィルマー、中国で「中食」　/「幽霊レストラン」FCで広がる　/カーナビなのに画面なし 15面：スバル、60年ぶり国内新工場　/NTT次期社長、大胆改革、堅実に推進 17面：4月から新たな売電制度「FIP」、再生エネ量、AIが予測　/NFTアートで返礼 31、33面：マミートラック脱出の意志を　/低速小型電動車「地域の足」実現へ　/コオロギチップス刷新 34、35面：特別展「大安寺のすべて」 37、38面：大坂がエージェント会社、女性アスリート初　/銀河系ブラックホール初撮影、存在示す証拠に

③日本・世界の方向性を知る　：新聞を後ろからめくり主に「景気動向指数」や

具体例		紙面	プラス（上昇、増加、高い）
先行指標	株価指数・商品指数	24 面	薄鋼板3品在庫3月末に2.8%減
	機械受注	11 面	はしけ船運賃7割高
	新築住宅着工	面	
	在庫（逆サイクル）	面	
	新規求人数（除学卒）	面	
一致指数	鉱工業生産	33 面	街角景気、4月も上昇
	出荷	24 面	ステンレス鋼板、軒並み高　/鋼管を6月追加値上げ
	商業販売（卸・小売り）	24 面	棒鋼や線材値上げ　/黄銅棒・管値上げ　/かば焼き卸値、上昇の兆し
	営業利益（全産業）	15 面	キリンHD、ビールなど値上げ
	有効求人倍率（除学卒）	5 面	街角景気、2カ月連続改善
遅行指数	家計消費支出	面	
	消費者物価	面	
	設備投資	面	
	法人税収入	面	
	完全失業率（逆サイクル）	面	
税制・政策		面 面	
マクロ（GDP）		5 面 面	英GDP 0.8%増、1-3月行動制限緩和

④世の中の流れ（テーマ、トレンド）を知る　：新聞を前からめくり主に

1）1面トップ記事の理解と関連記事をまとめる、　2）目立つキーワードを選び関連している記事をまとめる
1面トップ記事：NATO　フィンランド加盟申請へ、新・東西対立の影
ウクライナ侵攻を受けて長年維持してきた軍事的な中立政策を転換する。ロシアは反発しており 新たな東西対立の構図も鮮明になる。世界の安全保障体制は転換期を迎える。
3面：世界の安保体制一変、北欧が対立の最前線　/きょうのことば「集団的自衛権」 4面：日本、国防予算に転換を　/G7外相会合きょう開幕 7面：「ロシア弱体化」掲げる危険、和平交渉の実現困難に 13面：ロシア、占領地で支配固め　/米LNG輸出72%が欧州へ　/ロシア政府が経済制裁 15面：ロシアで医薬品販売中止（第一三共）　/ロシア小売事業を売却（シェル） 23面：新たな戦争の形
キーワード②：マーケットの変調
1面：ソフトバンクG、赤字最大、前期最終1.7兆円、ファンド運用悪化 2面：苦境地銀に「永久公的資金」　/経常黒字、4兆円に急減 3面：ソフトバンクG、孫氏「守りに徹する」　/米巨大IT5社ピーク比、時価総額360兆円減 5面：ASEAN＋日中韓財務相会議、米利上げで資金流出懸念　/円安基調継続「経営問題に」 7面：エコノミスト360°視点、「2%目標」が円相場を揺らす 9面：仮想通貨テラ急落　/ブラックロック「大半に反対」、気候変動対策の株主提案 11面：環境債、エネ高騰で逆風、2割下落　/中国人民銀、利下げ示唆　/香港ドル買い介入3年ぶり 19、23面：インフレ、企業心理冷やす　/債券市場　ひずみ極まる　/30年債の入札低調

25年間継続している「日経新聞切り抜き」

第3章

「指標ノート」と「日経新聞の切り抜き」から世界・日本の動きを俯瞰する

指標ノート、日経新聞の切り抜きから気づきを得る

日経新聞を読みながら「指標ノート作り」を続けているうちに「これは⁉」と思える気づきが得られるので、この作業は株式投資に大いに役立つはずだ。

当塾では四季報読破を〝定量的〟な証券分析のための作業、「日経読み合わせ」と「指標ノート作り」を〝定性的〟な作業ととらえており、**指標ノートと日経新聞の切り抜きについての分析作業を3カ月ごと**に行っている。

私は指標ノートをつけ終わった後、その依り所となっている日経新聞を切り抜いてファイリングしている。多い日は5～6枚切り抜いており、まったく切り抜かない日もある。

また、指標ノートのコメント欄にメモしたとしても、必ずそのメモに関わる記事を切り抜いているわけではない。メモしていない記事を切り抜くこともあるし、必要に

応じて東京新聞を切り抜くこともある。

ちなみに、私は記事を切り抜くときに上の紙1枚だけをカットできるＯＬＦＡ製の『キリヌーク』というカッターナイフを使用しており、切り抜きたい記事が裏面にもある場合は、コピーをとってファイリングするようにしている。ただし、必ずしも時系列的にファイリングしているわけではなく、日付が違っていたとしても関連する記事を集めて3カ月ごとに分けている。

本章では、これまでの指標ノートのコメント欄、日経新聞の切り抜きから主なコメントと記事を抽出し、どのような気づきが得られたかを紹介する。情報のとらえ方、分析の仕方の参考としていただきたい。

生活スタイルの変化の先を読む

ある1つの変化が、次の変化につながる例は、注意していれば日常茶飯的に見つけることができる。この記事に目を通すと、「終電時間の繰り上げ」は我々の生活に影響するだけでなく、**超高齢社会に新たなインフラがもたらされることを意味している**ように思った。

○「JR東日本終電繰り上げ　1987年民営化以降で初」

（指標ノート　2021年3月13日）

我々は電車の時間に合わせて暮らしているところがあって、終電の時間が早まれば夜間の街の活気は薄れる。その影響はコンビニにもおよび、将来、コンビニの24時間営業がなくなることさえ予想される。

そうなれば、**昔の酒屋さんの御用聞き文化が復活するのではないか**と私は勝手に想像しており、この営業スタイルを本格化できるのは、「**お酒を中心とした流通のインフラ**」をコンセプトにしている**カクヤスグループ**（7686）だろうと思っている。

これは社会構造の問題で、超高齢社会が進むにつれて、買い物にも行けない高齢者

図表5 **カクヤスグループ（7686）の日足チャート**

2021年6月28日の終値は1686円。その後、2021年10月4日に最高値2238円を記録

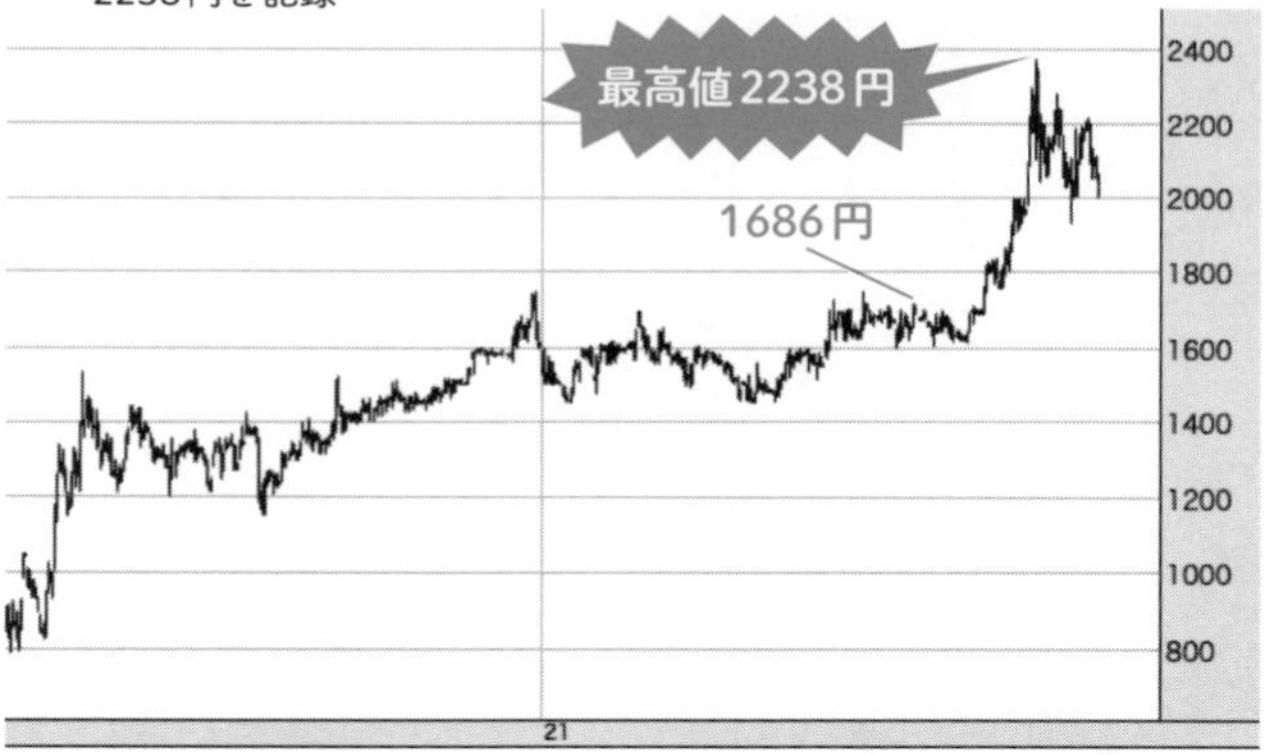

（出典：株探 https://kabutan.jp/）

が増えていき、場合によっては外に出られない状態もあり得る。そうしたときに電話一本で欲しい物を届けてくれる、重い物でもかさばる物でも届けてくれるというインフラは、ありそうでない。

実は、私は2021年6月25日のカクヤスグループの株主総会に参加して、同社の社長に「かつては町に三河屋さん（『サザエさん』に登場する町の酒屋）があって、それがコンビニに入れ替わった歴史があったわけだけれども、これからは真逆の動きになって、コンビニが元の三河屋に戻るのではないでしょうか。残念ながら三河屋さんはなくなってしまったが、その機能を持っているのが御社で

はないか、私はそういうストーリーを描いているのですが?」と質問してみた。

すると、社長から「そのとおりです。ただサザエさんに出てくる三河屋のサブちゃんではないです。サブちゃんがタラちゃんと遊んでいる間もコストがかかっているわけで、コスト意識を持った三河屋のサブちゃんになれと社内では言っています」という答えが返ってきた。「流通のインフラ」を拡充しようとしている同社に対して、私の好感度が高まった。

「後悔、先に立たず」の失敗談

これは、注意を怠ったためにチャンスを見逃した私の失敗談だ。この見出しを指標ノートのコメント欄に書き写した際に即座に反応していれば、私はテンバガーを確実にものにしていたに違いない。

図表6　川本産業（3604）の日足チャート
2019年12月の終値は447円。その後、2020年1月最高値3795円を記録

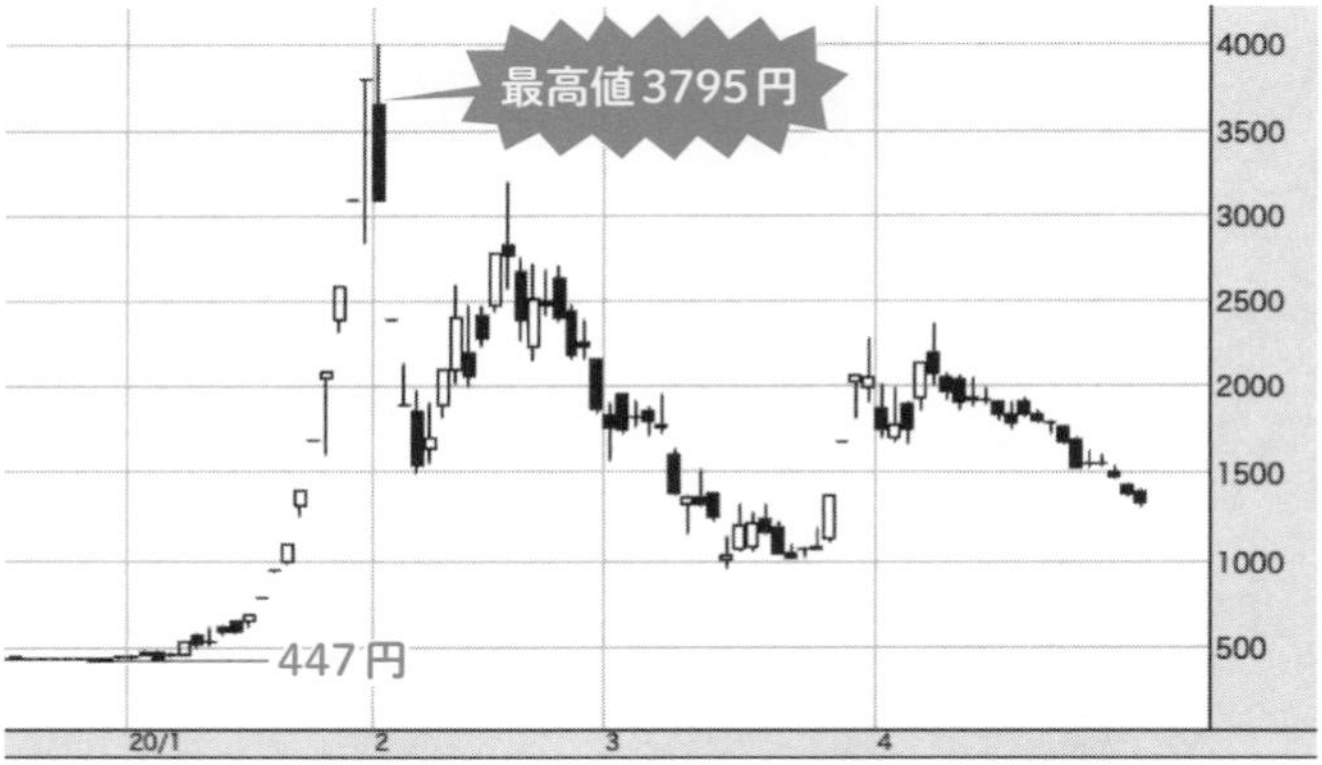

（出典：株探 https://kabutan.jp/）

○「新型コロナウイルス肺炎 日本で初確認」

（指標ノート　2020年1月15日）

私は2020年1月に産業ガス大手のエア・ウォーターの研究・開発拠点である『国際くらしの医療館・神戸』を訪問しており、同社の最新の手術室セットや関連会社の**川本産業**（3604）が生産している**医療用マスクが並んでいる**のを実際に目にしていた。

その後、全国的なマスクの品薄状態になるわけだが、すでに新型コロナの大流行に備えて工場が稼働し始めていることに気づかなかった。その理由は日経新聞

の「肺炎」という言葉を、何も疑わずにそのまま受け止めていたことに尽きる。
つまり、私はあのとき、新型コロナウイルスを肺炎程度の病気としてしか見ておらず、世界的なパンデミックになるとは想像していなかったことになる。

ちなみに同社の株価は、2019年12月の時点で447円だったが、**翌1月には3795円まで**上がっている。要は、あまりにも情報に近すぎて状況を客観視できずにニアミスしてしまったわけで、「後悔、先に立たず」とはまさにこのことである。

「ロシア・ウクライナ戦争勃発」から見えるメディアの一面性

最初はロシア軍の大規模な演習と思われていたものの、米バイデン大統領が「ウクライナ侵攻の可能性大」と発表したのも束の間、ロシア軍が唐突にウクライナに侵攻し、世界を震撼させた。多くの人がこのニュースに触れ、「まさか、この21世紀にこんなことが起ころうとは?」と思ったことだろう。

当然、私はこのニュースを1面トップで伝えていた日経新聞の大見出しを指標ノートに書き写した。そして、「ボスニア・ヘルツェゴビナ紛争が勃発した1992年3月から丁度30年後に、こうした事態が起きている」ことが頭をよぎり、**紛争・戦争にもサイクル**があるように感じた。

その後、現時点（2023年2月現在）までのウクライナ情勢に関するニュースによれば、ロシアがウクライナの東部や南部の一方的な併合を狙った「住民投票」を行い、大多数が賛成の票を投じたこと、兵力増強のために約30万人の部分的動員令を発令し、これに伴い徴兵逃れをする人が増えていることなどが伝わっている。

また、ウクライナ情勢に関わる以下の記事があるので、加えて紹介しておきたい。

○「ロシア、ウクライナ侵攻」（日経新聞切り抜き 2022年2月25日）

この記事には、コメンテーターの意見として、以下のように書かれている。

国際社会は第2次世界大戦後、最も深刻な危機に直面している。ロシアは主権国家に全面戦争を仕掛けた。現代において、まれにみる大国の暴挙である。1945年以来、80年近くにおよんだ「戦後」は終わってしまった。今日は昨日の延長ではなく、世界は再び、危うい時代に逆戻りしたと考えざるを得ない。

この記事の末尾の「軍事力は最後のとりでであり、外交で平和を守ることが最善なのは言《げん》をまたない。ただ、軍事力という『力の裏づけ』がない交渉や制裁圧力に限界があることも、苦々しい現実である」という記述には甚《いた》く共感した。

ロシア軍がウクライナに侵攻して以来、すでに1年が経過しているが、依然としてウクライナ情勢の出口は見えない。では、そもそもなぜロシアがウクライナ戦争を引き起こしたのか。次の記事が伝えているように、**発端は「ミンスク合意」についての解釈の違い**にあるようだ。

ロシア、ウクライナ侵攻

首都空港で戦闘
各地の軍施設に空爆
地上部隊も

【モスクワ=桑本太、ベルリン=石川潤】ロシアが24日、ウクライナへの軍事侵攻を始めた。ウクライナ各地の軍事施設が空爆で破壊されたほか、首都キエフの空港を巡ってロシア軍とウクライナ軍が戦闘した。冷戦後の国際秩序を力で変更する**ロシアの軍事侵攻（3面きょうのことば）**に対し、主要7カ国（G7）は24日にオンラインで首脳が協議し、「最も強い言葉で非難する」との共同声明を発表した。

煙につつまれるウクライナ南東部の軍事施設（24日）＝AP

ロシアはウクライナの複数の都市を攻撃か
（▲は爆発音が聞こえたと報じられた都市）

（注）ニューヨーク・タイムズなどの報道を基に作成。◎は侵攻前のロシア軍。ウクライナ当局がオデッサへの攻撃を否定したとの報道も

ロシア通信によると、ロシア国防省は24日、ウクライナへの空爆で軍事インフラ施設74カ所を破壊したと発表した。空軍の飛行場11カ所、司令部3カ所、海軍基地のほか、地対空ミサイルシステムが含まれるとしている。ウクライナ軍によれば、ロシア軍から巡航ミサイルなど30発以上で軍や民間の施設を空爆された。

インタファクス通信によると、ロシア軍はウクライナの防空網を制圧した。タス通信は黒海に面する南部オデッサや南東部マリウポリにロシア軍が上陸したと伝えた。

ロイター通信によると、キエフで複数の爆発音が聞こえた。中心部にある国防省から黒煙が上がった。ウクライナ軍高官はキエフの空港の支配権を巡ってロシア軍と戦闘中だと語った。空襲警報が発令され、当局は市民に対して地下の避難所などに緊急避難を呼びかけた。

ウクライナ第2の都市、ハリコフでも複数回の爆発音がしたほか、クラマトルスクやドニプロなどの住民も爆発音を聞いたという。ウクライナ国防省によると、ハリコフでウクライナ軍とロシア軍の激しい戦闘が展開されている。ロイター通信によると、ウクライナ政府当局はウクライナ兵40人以上が死亡し、数十人の負傷者が出ていると明らかにした。

ウクライナのクレバ外相は24日、東部だけではなく「複数の方向から本格的な攻撃」を受けていると明かした。ロシア、ベラルーシ、クリミア半島の3方向から攻撃を受けているとみられる。

ベラルーシには軍事演習目的でロシア軍が駐留する。米国防総省高官は24日、ロシア軍がベラルーシから地上部隊の侵攻を始めたと説明した。一方、ベラルーシのルカシェンコ大統領は同日、同国の軍隊はロシアの作戦に参加していないと述べた。

ロシアのプーチン大統領は同日朝にテレビ演説し、ウクライナ東部での特別軍事作戦実行を決めたと発表。プーチン氏は「ウクライナ政権によるジェノサイド（集団虐殺）から人々を保護する」と軍事行動を正当化した。

ウクライナのゼレンスキー大統領は24日、全土に戒厳令を発令した。集会など市民の行動を制限できる。タス通信によると、同氏はロシアとの外交関係の断絶も表明した。

蛮行に毅然と対応を

コメンテーター 秋田浩之

国際社会は第2次世界大戦後、最も深刻な危機に直面している。ロシアは主権国家に全面戦争を仕掛けた。現代において、まれにみる大国の暴挙である。

1945年以来、80年近くにおよんだ「戦後」は終わってしまった。今日は昨日の延長ではなく、世界は再び、危うい時代に逆戻りしたと考えざるを得ない。

仮に、ロシアがウクライナを支配すれば、次は国境を接する東欧諸国にも軍事の脅しを強めるだろう。

そんな危機ドミノを防ぐには侵略国のロシアに、主要国が最大限の経済と政治上の「苦痛」を与えることが極めて大切だ。事実上、ベラルーシも共犯だ。手ぬるい対応をすれば、アジアや中東でも軍事力に訴える国々が出てきてしまう。

特に、中国は主要国がどこまで重い対抗策に出るか、目をこらしている。ロシアが軽い代償しか払わずにすめば、台湾海峡などで強硬に出ても大丈夫だと判断するだろう。同じことは北朝鮮にも当てはまる。

では、主要国はどうするか。まず、制裁を小出しにせず、矢継ぎ早にロシアに浴びせることは当然だ。

国際銀行間通信協会（SWIFT）の決済ネットワークから遮断したり、エネルギー分野の制裁を科したりすることも排除すべきではない。世界経済への影響は大きいが、そもそも平和が壊れたら経済の繁栄は続かない。

しかし、制裁だけでは戦争を止められないことも、今回の重い教訓だ。主要国がすぐに厳しい制裁を発動していたとしても、ロシアは全面侵攻をやめなかったという見方が米欧のロシア専門家には少なくない。

SWIFT遮断に備え、プーチン大統領は17年から自前の金融情報網を設けた。中国の国際銀行間決済システムと接続する計画もあるようだ。他国への攻撃を周到に準備し、決意を固めた強権リーダーを制裁だけで止めることは難しい。

ならば、欧州やアジアの軍事バランスを立て直し、侵略国が行動をためらわざるを得ない状況をつくることも欠かせない。欧州でいえば、北大西洋条約機構（NATO）の体制を強めることが急務になる。

アジアの状況はより深刻だ。中国軍が保有する主力戦闘機、主力戦闘艦艇、潜水艦は、米軍のアジア戦力の5～5・6倍にのぼる。日本など米国の同盟国が連携し、この状態を改めることも大切だ。

軍事力は最後のとりでであり、外交で平和を守ることが最善なのは言をまたない。ただ、軍事力という「力の裏づけ」がない交渉や制裁圧力に限界があることも、苦々しい現実である。

「日本経済新聞」2022年2月25日付朝刊

◎「ミンスク合意　ロシアの論拠」（日経新聞切り抜き　2022年2月17日）

この記事に目を通してみると、「ロシアはウクライナ東部紛争の和平への道筋を示した『ミンスク合意』の履行《りこう》を迫る。一方の米欧はロシアこそが過去に結んだウクライナの安全を保証する『ブダペスト覚書』に違反していると批判する」と書かれている。

「ミンスク合意」とは、ロシアとウクライナ、独仏首脳が2015年にまとめたものである。ウクライナ東部で2014年から続く同国軍と親ロシア派武装勢力との紛争について、停戦と和平への道筋を示した内容になっており、独ロ首脳も会談で、同合意の枠組みが重要との認識で一致したとしている。

この履行に向けて最大の争点となったのが、親ロシア派が占領する東部地域に広範な自治権を持たせる「特別な地位」の付与だ。ウクライナとしては、それは事実上の連邦制とロシアによる実効支配につながると警戒していたという。

また、ウクライナは同地域での地方選の実施についても、親ロシア派を支援する名

ミンスク合意 ロシアの論拠

ウクライナ情勢を巡り、多国間による2つの「合意」が焦点となっている。ロシアはウクライナ東部紛争の和平への道筋を示した「ミンスク合意」の履行を迫る。一方の米欧はロシアこそが過去に結んだウクライナの安全を保証する「ブダペスト覚書」に違反していると批判する。緊張緩和に向けた外交交渉は難航が予想される。（1面参照）

2015年、親ロ派地域に自治権

国連安全保障理事会は17日の会合でミンスク合意の履行状況を議論する。議長国のロシアが呼びかけた。同国はウクライナが合意を履行していないと批判しており、その主張に国際社会の賛同を促す狙いがある。

ミンスク合意はロシアとウクライナ、独仏首脳が2015年にまとめた。ウクライナ東部で14年から続く同国軍と親ロシア派武装勢力との紛争について、停戦と和平への道筋を示した内容だ。

独ロ首脳も15日の会談で、同合意の枠組みが重要との認識で一致した。

履行に向けた最大の争点が親ロ派が占領する東部地域に広範な自治権を持たせる「特別な地位」の付与だ。ウクライナは事実上の連邦制とロシアによる実効支配につながると警戒する。同地域での地方選の実施についても、親ロ派を支援する名目で侵攻してきたロシア軍の撤収や、ウクライナによる国境管理が条件だと主張してきた。

ウクライナには合意がそもそもロシアに有利な内容で結ばれたとの不満がある。ロシアはウクライナが訴える項目の修正を拒否してきた。ウクライナが合意を守らず、武力解決を試みているとの立場を取り、同国への圧力を強めた。

ロシアには緊張をあおり、米欧が合意の履行を促すように仕向けたい思惑もある。プーチン大統領は15日の記者会見で、どこまで緊張緩和を進めるかは「状況次第」と言い放った。部隊撤収を国防省が発表し「良い兆候だ」（ショルツ独首相）と期待する見方が出た矢先だった。

ロシアによる揺さぶりは続く。下院は15日、親ロ派武装勢力が実効支配するウクライナ東部2地域を独立国家と認めるようにプーチン氏に求める決議案を採択した。

ブリンケン米国務長官は16日の声明で、国家承認すればミンスク合意に違反すると明言した。「米国が同盟国やパートナー国と完全に連携し、迅速かつ断固とした対抗措置を講じる必要が出てくる」と警告した。

1994年にはブダペスト覚書
米欧「ロシアが違反」

ロシアは同国こそが国際合意に違反しているとの批判は受け入れてこなかった。特にウクライナを巡り、1994年に同国とロシア、米英が署名した「ブダペスト覚書」に違反した行為を続けているとの指摘がある。

覚書はウクライナがソ連崩壊時に国内にあった核兵器を放棄する代わりに、同国の主権を尊重し、武力行使や威嚇をしないと定めた。ロシアが14年にクリミア半島の併合を一方的に宣言したのに続き、今回の国境近くでの軍備増強もこの覚書に違反すると米国は批判する。

プーチン氏がこの覚書に言及することはミンスク合意に比べて圧倒的に少ない。ロシアに有利な合意は利用し、不都合な覚書は黙殺する。同氏の姿勢はそんな「ご都合主義」にも映る。国際的な合意を軽視する強権国にどう対抗できるか。軍事圧力によってロシアとの交渉を強いられた米欧は難しい対応を迫られる。

「ミンスク合意」の概要
ロシア、ウクライナ、フランス、ドイツが2015年2月にまとめた
ウクライナの東部（ドネツク・ルガンスク州の一部地域）での包括的な停戦
同国が地方分権を規定する憲法改革を実施し、ドネツク・ルガンスク州の一部地域に「特別な地位」を与える恒久法を採択する

「ブダペスト覚書」の概要
ウクライナ、ロシア、英国、米国が1994年12月にまとめた
ウクライナによる非核保有国としての核兵器不拡散条約への加盟に関連し、同国の安全を保証
同国の独立、主権、国境を尊重。領土や政治的独立に対する軍事的な圧力や行使を控える

ウクライナの領土の一部はロシア側に占領されている

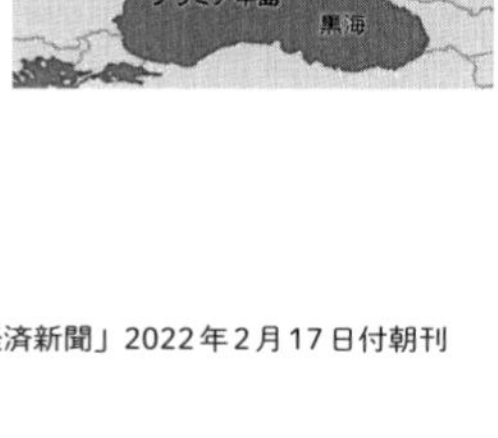

「日本経済新聞」2022年2月17日付朝刊

目で侵攻してきたロシア軍の撤収や、ウクライナによる国境管理を条件にしていると報じられている。

要は何事にも原因・理由があるわけで、その後の推移を判断する上で、また**投資のタイミングを間違わないようにするという意味でも、真相を見極めることが大切**になる。

侵攻を正当化するための屁理屈と中立報道の難しさ

先頃（2022年10月27日）、放射性物質をまき散らす「汚い爆弾」の使用をウクライナが計画しているとロシアが一方的に主張している問題が報じられた。結果は、ロシアの主張が根拠に乏しいどころか捏造《ねつぞう》であったことが明らかにされた。

私は**爆弾に「汚い」という修飾語を付けている点に違和感**を覚えた。

なぜなら「汚い爆弾」と「汚くない爆弾」に明確な区分けがあるとは思えないからだ。元々、戦争で用いられる兵器にいいも悪いもない。

たとえば、ベトナム戦争で使われたアメリカ軍のナパーム爆弾は1発で小さな村なら火だるまにする威力がある。また、過去多くの紛争・戦争地域で使用された対人地雷、クラスター爆弾の破壊・殺傷力もすさまじい。生物・化学兵器と同様に非人道的だとして多国間で使用禁止条約が締結されているが、いまだにこれらを保有している国が多数ある。

そして、戦争においては、作戦を正当化するための理屈を付けられるのが常で、次の記事はそれを伝える内容だった。

○「ロシア偽装工作　侵攻を正当化」（日経新聞切り抜き　2022年2月19日）

ロシア軍がウクライナに侵攻した2月24日の直前から、アメリカはロシアが偽装工作によって侵攻を正当化するのを警戒していた。

2014年にロシアがウクライナ領のクリミア半島を併合した際にも、親ロ派への攻撃を自演する「偽旗作戦《にせはた》」と呼ばれる行動が取られており、この8年前の行動に酷《こく》似《じ》しているという。

次いで2月24日の「**ロシア、自作自演の跡**」と題した記事に目を通してみると、その冒頭に「ＳＮＳ（交流サイト）で流れた『ウクライナによるロシア、親ロシア派支配地域への侵入』とされる複数の映像は、フェイク動画の可能性があることが日本経済新聞や英調査報道機関ベリングキャットなどの分析でわかった」と書かれている。

つまり、ＳＮＳ上の動画として流された親ロシア派支配地域に侵入している装甲車は、実はウクライナが運用していないことが判明した。**ベリングキャットは「偽旗作戦」の可能性があると指摘**している。

そして、2月25日の「**ロシア、自作自演か**」という記事には、「親ロ派武装勢力が21日、ウクライナ軍の砲撃で足を失ったとする映像をロシア発通信アプリ『テレグラム』に投稿した。映像には左足を押さえて悲鳴を上げる男性と救助する2人が映っている。映像では足にぼかしが入っているが、ＳＮＳ上で拡散した別の映像にはぼかしがなく、男性の義足の一部が見える。ベリングキャットは『砲撃の前にすでに足を失っていた』と指摘している」と書かれている。

こうした記事を読むと、**真偽のほどは定かでないが、義手や義足の、いわゆるクライシスアクターと言われている俳優が、偽装工作をしている**ように思えた。

次の記事は、ロシア軍によるウクライナ攻撃の悲惨さを伝えている。しかし、同じ出来事を伝えようとする記事でも、情報の切り口によって読み手の受け止め方は違ってくるわけで、**正確な情報伝達、中立的な報道の在り方の難しさ**について考えてしまう。

◎「空爆の劇場　死者なし」（東京新聞切り抜き　2022年3月19日）

これは東京新聞の見出しで、ウクライナ南東部のマリウポリがロシア軍によって空爆されたものの、死者は出ておらず、130人以上が救出されたと書かれていた。

ところが同日の日経新聞には「**ウクライナ、人道危機深刻**」「**南東部マリウポリ、**

避難の劇場標的」という見出しで、「プーチン氏は『真の悪党』」「バイデン氏、非難強める」などと書かれている。結局、この記事の終わりのほうに「少なくとも130人以上が救出された」と書かれていたが、**見せ方がこうまで違うと、どちらの立場で報じているのかで伝え方も変わってくる**。

では、自由主義陣営の欧米とロシアの考え方の、どちらに与《くみ》すればいいのかという話になるが、いまだに両方とも肯定できない。こうした記事に触れると、やはり「一方聞いて沙汰するな」、つまり**何事も一面的に見てはならないことを再認識**する。

ノルウェー中央銀行の利上げが為替変動の転換点だった

先頃（2022年10月27日）、欧州中央銀行（ECB）が金融政策を決める理事会を開き、インフレ抑制策として従来1・25％としていた主要な政策金利を0・75％引き上げ、2％にすることを決定した。

この利上げは7月、8月に続いて3回連続になるが、日経新聞から書き写した次の見出しの記事に目を通すと、**ノルウェー中央銀行の利上げが米欧の為替変動の転換点**だったように思われ、すでに2021年9～10月頃にインフレの予兆があったようだ。

◎「ノルウェー中銀ゼロから利上げ」（指標ノート 2021年9月23日）

ノルウェーの中央銀行がゼロから利上げに踏み切るというこのニュースは、2021年10月29日の「**米実質金利2年ぶりマイナス圏脱する**」というコメント欄の記述と同様に、金利が上がることを示唆し、**為替変動の大きな転換点**を意味した。

この時点での円相場はまだ1ドル約109円だった。それが2022年7月中旬には1ドル約138円に、さらに10月20日には150円台まで円安が進んでおり、円安がどこまで続くのか予断を許さない状況を迎えた。

◦「米国CPI6・2％　1990年以来31年ぶり」（指標ノート　2021年11月9日）

アメリカのCPI（消費者物価指数）が31年ぶりの高水準に達し、続いて「**（日本の）10月企業物価8％　1981年1月以来40年ぶり**」と指標ノートに記入している。この2つのニュースから言えることは、**アメリカでも日本でもインフレが進んでいる**ということであった。

CPIとは、簡単に言えばBtoC（企業がモノやサービスを直接一般消費者に提供するビジネスモデル）であって、この経済現象は消費者に波及し、これに伴って金利が上がることになる。一方、企業物価はBtoB（企業が企業に対してモノやサービスを提供するビジネスモデル）と言え、この経済現象は消費者まで波及しない。

コロナ禍とロシア・ウクライナ戦争が世界経済に与えた影響

コロナ禍とロシア・ウクライナ戦争が世界経済に与えた影響は甚大であり、これまでの指標ノート、日経新聞の切り抜きファイルを繙《ひもと》いてみても、コロナ禍は終息に向かっている様子だが、ロシア・ウクライナ戦争によって東西陣営の分断はさらに深まっているようだ。世界秩序の不安定化もさることながら、世界経済の先行き懸念は払拭《ふっしょく》できない。

◎「米貿易赤字、初の1兆ドル超」（日経新聞切り抜き 2022年2月9日）

日本で物価高が強まっている一方、アメリカの状況を述べているのがこの記事だ。米商務省が発表した2021年の貿易統計によれば、モノの貿易収支の赤字が初めて1兆ドル台に達し、過去最大を更新したという。

アメリカの貿易赤字を膨らませた要因は堅調な内需である。バイデン政権が2021年3月に1兆9000億ドルの新型コロナ対策法を成立させ、1人当たり最大1400ドルの現金を支給するという方策によって家計が潤い、2021年のモノの消費は前年比12・1％伸び、経済回復を牽引したと書かれている。

米貿易赤字、初の1兆ドル超

内需堅調、輸入2割増

昨年 保護主義強まる可能性

巨額の財政出動や経済再開で個人消費が伸び、輸入品への需要が高まった（2021年9月、南部ジョージア州の港）＝AP

米貿易赤字は拡大が続く

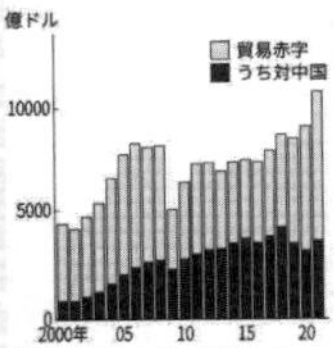

（出所）商務省、モノ、通関ベース

【ワシントン＝鳳山太成】米商務省が8日発表した2021年の貿易統計（通関ベース）によると、モノの貿易収支の赤字は初めて1兆ドル（約115兆円）台に達し、過去最大を更新した。巨額の財政出動や経済再開で個人消費が伸び、輸入品への需要が高まった。米国の保護主義の姿勢が強まる可能性もある。

21年の貿易赤字は1兆783億6800万ドルとなり、前年に比べて18・4％増えた。国内総生産（GDP）の5％弱を占めた。この比率が最も高かった06年（6％）を下回るが、金額ベースでは過去最大になった。

21年の輸入は2兆8329億ドルと21・3％増えた。新型コロナウイルスのため自宅で過ごす時間が長くなり、スマートフォンやパソコンを含む電子機器、家具、玩具など消費者に身近な製品の需要が伸びた。これらはいずれも中国やベトナムなどからの輸入品に大きく頼っている。需給が逼迫する半導体は台湾などからの輸入が伸びた。

サプライチェーン（供給網）が混乱した影響もあらわれた。輸入の急増で西部カリフォルニア州をはじめとする主要港では中国などからのコンテナ船が滞留した。これが米国内での品不足につながり、インフレを加速させた。

貿易赤字を膨らませたのは堅調な内需だ。バイデン米政権は21年3月、1兆9000億ドルの新型コロナ対策法を成立させた。1人あたり最大1400ドルの現金を配るといった方策で家計が潤った。21年のモノの消費は前年比12・1％伸び、経済回復をけん引した。

21年は、世界経済の回復で輸出も1兆7546億ドルと23・1％伸びた。原油や天然ガスなどエネルギーのほか、医薬品の出荷が増えた。

輸入は20年夏に新型コロナの感染拡大前の水準に戻り、21年も拡大を続けた。一方、輸出が新型コロナの前の水準に回復したのは21年に入ってからだ。米国の経済回復がほかの国に先行し、その時間差で輸入額が輸出額を上回るペースで増えたため、貿易赤字が膨らんだ。

貿易赤字はトランプ前政権下の18年、12年ぶりに過去最大を更新した。米中貿易戦争が激しくなった19年には輸入が鈍って赤字が減った。20年に新型コロナで輸出が急減速し、過去最大の貿易赤字を再び記録していた。

バイデン政権でも貿易を巡る米国と中国の緊張は続いている。21年の対中赤字は14・5％増の3553億ドルだった。貿易赤字全体の3割強で、国別では最も多い。トランプ前政権が発動した中国製品への制裁関税を引き継いだが、消費財の一大生産地である中国からの輸入は膨らんだ。

トランプ前政権は2国間の貿易収支にこだわり、対中赤字を減らす名目で「第1段階の合意」に20年1月、署名した。中国は知的財産権の保護を強化するほか、21年までの2年間で米国の農産品や航空機など計2000億ドル分の輸入を増やすと約束した。

米ピーターソン国際経済研究所（PIIE）の集計によると、21年11月時点の中国の対米輸入は目標の62％にとどまる。米通商代表部（USTR）のピアンキ次席代表は1日の講演で「中国が第1段階の合意の約束を果たしていないのは明確だ」と批判した。

米国では貿易赤字と雇用の流出を結びつける見方が与野党で広がる。主要な経済学者は否定的だが、米製造業の苦境を生み出した要因として中国など主な輸入相手国に批判の矛先が向きやすい。

PIIEのエコノミスト、ゲイリー・ハフバウアー氏は「巨額の貿易赤字は新型コロナ下での経済回復を示しており、深刻な問題ではない」と指摘する。だが、政治的には「与野党がともに保護主義的な態度を一段と強めるきっかけになるだろう」と懸念を示す。

22年も米国の貿易赤字は高水準で推移する見通しだ。支持基盤に労働組合を抱えるバイデン政権は国内生産への回帰を目指す。野党・共和党でも自由貿易に否定的な勢力が増えている。11月の中間選挙に向け、米国が一段と内向きになるリスクは拭えない。

「日本経済新聞」2022年2月9日付朝刊

次いで2月11日の「**米消費者物価7・5%上昇**」という記事を読むと、米労働省が10日に発表した1月の消費者物価指数は前年同月比で7・5%上昇しており、前の月（7・0%）から伸びが加速し、1982年2月以来約40年ぶりの高水準になったとしている。

長引く高インフレに原油価格上昇が追い打ちをかけ、人々の物価見通しをさらに押し上げる可能性が強まっていると報じていた。

○「世界の金利、水没脱出」（日経新聞切り抜き 2022年2月10日）

この記事は、主要国の中央銀行がコロナ禍で踏み切った大規模な金融緩和の手仕舞《てじま》いを進め、利回りがマイナス圏に「水没」していた日本や欧州の5年債の利回りがプラスに転じ、**リスク投資にブレーキ**がかかってきていることを伝えている。

併せて3月18日の「**マネー収縮、世界に試練**」と題した記事を見てみると、「FRBはコロナ禍への危機対応としてゼロ金利と量的緩和を導入し、米国債などを過去例

世界の金利、水没脱出

日欧、5年債利回りプラス圏

リスク投資にブレーキ

世界でマイナス金利が減少　(注)岡三証券提供

■0%未満　■0~0.5%未満　■0.5~1%未満　□1%以上

2022年2月7日時点	1年	2年	5年	10年	20年
スイス	-0.59	-0.63	0.03	0.27	0.31
ドイツ	-0.58	-0.3	-0.01	0.22	0.21
フィンランド	0	-0.3	0.22	0.51	0.72
スウェーデン	-0.01	0.11	0.54	0.66	0.81
フランス	-0.45	-0.25	0.26	0.67	0.88
スペイン	-0.38	-0.17	0.58	1.09	1.55
日本	-0.07	-0.04	0.01	0.2	0.62
イタリア	-0.27	0.31	1.01	1.81	2.2
英国	1.15	1.28	1.32	1.41	1.59
米国	0.87	1.29	1.77	1.92	2.29

21年7月2日時点	1年	2年	5年	10年	20年
スイス	-0.72	-0.74	-0.56	-0.24	0.04
ドイツ	-0.63	-0.67	-0.61	-0.24	0.01
フィンランド	-0.64	-0.65	-0.51	-0.08	0.35
スウェーデン	-0.2	-0.29	-0.06	0.3	0.68
フランス	-0.62	-0.64	-0.46	0.09	0.54
スペイン	-0.53	-0.51	-0.27	0.38	1.07
日本	-0.11	-0.11	-0.12	0.05	0.42
イタリア	-0.49	-0.38	0.06	0.78	1.49
英国	0.04	0.06	0.32	0.7	1.2
米国	0.07	0.24	0.86	1.43	1.98

世界で国債利回りが急上昇（価格は下落）し、マイナス圏から脱する動きが広がっている。主要国の中央銀行は新型コロナウイルス禍で踏み切った大規模な金融緩和の手じまいを進め、利回りがマイナス圏に「水没」していた日本や欧州の償還まで5年以上の国債がプラスに転じている。市場では債券の魅力が戻り、株や不動産といったリスク資産の投資にブレーキをかけるとの見方がある。

岡三証券が世界の国債の残存期間や地域ごとに利回りをまとめた「金利水没マップ」によると、2021年7月2日に比べて22年2月7日はマイナス金利の国債が減っている。貸し手が利子を実質的に支払う異例の状態から、借り手からの利払いによる収益を確保できる正常な環境に戻りつつあることを意味する。

金融政策の影響を受けやすい5年債利回りの浮上が目立つ。2月に入り、日本の5年債は16年1月、ドイツは一時18年5月、フランスは19年1月、スペインは20年6月以来のプラス利回りをつけた。5年債以外でも多くの債券利回りが上昇し、イタリアでは2年債のプラス利回りが定着すれば20年夏以来となる。

背景にあるのは中銀が金融政策の正常化を進めるとの見方だ。米連邦準備理事会（FRB）は量的緩和の縮小に続き、3月に利上げに踏み切る公算が大きい。米金利先物市場ではFRBによる3月の利上げ幅が、通常の2倍とされる0・5%になるとの予想が3割程度に増える場面があった。

ユーロ圏では主要国ドイツやフランスに比べて財政不安が意識される南欧諸国も欧州中央銀行（ECB）の緩和的な政策で国債利回りが低位に抑えられていた。だがECBのラガルド総裁は3日、22年内の利上げについて「データ次第」とし、年内利上げを否定する従来の方針から転換した。

英ブルーベイ・アセット・マネジメント最高投資責任者（CIO）のマーク・ダウディング氏は「政治的リスクに加えて、ECBがタカ派寄りの方向へと動くとみられ、イタリア国債の（ドイツなどとの）利回り差がこの先数週間で大幅に縮小するのは難しいのではないか」とみる。

独アリアンツのモハメド・エラリアン氏はツイッターで「（ユーロ圏の）国債の現実的な値付けが始まった」と指摘。緩和マネーが信用力を無視して国債を買い、金利を抑え込む「低金利」時代が終幕局面を迎えたことを意味する。

「水没マップ」をまとめてきた岡三証券グローバルリサーチセンター理事長の高田創氏は「世界的な国債利回りの上昇によって、株や不動産から国債に資金が回帰するのではないか」とみる。これまでマイナス利回りの国債に投資妙味を感じにくかった投資家は、配当を得られる株や賃料を得られる不動産に資金を振り向ける傾向がみられた。プラス利回りが復活すれば、そうした動きが鈍っていくとの見立てだ。

三菱UFJモルガン・スタンレー証券の大塚崇広マーケットエコノミストは「利上げが意識される局面では慎重に判断する必要がある」と指摘する。金融政策の正常化局面では、短中期債利回りが上昇しやすい一方、行き過ぎた引き締めが景気を冷やすとの懸念で長期債の利回りは停滞し、利回り曲線が平たん化することがあるからだ。

実際に債券買いが入るには「中銀の政策正常化の織り込みが落ち着く必要がある」（みずほ証券の上野泰也チーフマーケットエコノミスト）。市場参加者は利上げや量的引き締め（QT）の道筋が明らかになるタイミングを探る局面といえる。

「日本経済新聞」2022年2月10日付朝刊

のないペースで大量購入し、保有資産を2年で4兆ドルから9兆ドルへと倍増させた」と書かれている。

これに続き「巨額の緩和マネーは財政出動や企業投資のテコとなった。政府、企業、家計を合わせた世界の債務残高は2020年3月末の260兆ドルから、2021年末に303兆ドルに増大。増加幅は世界のGDP（国内総生産）の半分に当たる43兆ドルで、新興国だけでも27％増えた。マネーを膨らませて景気の底割れをなんとか防いできたのが、コロナ危機下の世界経済だったといえる」と記されている。膨張したマネーが逆転し始め、新興国が深刻な打撃を受けているとしている。

なお303兆ドルという数字は、当時の為替約120円で換算すると3・6京円という想像もつかない額になっている。

3月30日の「**東欧景気リスク　市場警戒**」という記事に目を移してみると、ウクライナ情勢の混乱が続くなか、東欧諸国のポーランド、ハンガリーでは長短金利が逆転し、**景気後退のサインとされる「逆イールド」**が相次いでおり、東欧の中央銀行はインフレ抑制のために利上げに動いているという。

さらには3月31日の「**逆イールド現象　景気後退の警鐘**」という記事でも、アメリカもいよいよ長短金利が一時逆転し、この現象はFRBの金融引き締めに対する「警鐘」といえ、米株価は戻り基調にあり市場は悲観論一色ではないものの、インフレ鎮圧と景気回復の両立が綱渡りなのは確かだとしていた。

○「忍び寄る『大いなる不安定』」（日経新聞切り抜き　2022年2月15日）

この記事を読むと、「新型コロナウイルスの感染が広がった2020年以降の経済環境は1940年代の米国と共通点が多い。戦時中は軍需が膨らむ一方で物価が統制され、国の戦費調達を容易にするため長短金利も低水準に固定された。財政と金融政策を総動員した『感染症との闘い』と相似形だ」と書かれている。

また、「終戦後は自動車購入などの消費も拡大し、一転して物価が急上昇した。米連邦準備理事会（FRB）は1947年に0%近辺にとどめていた短期金利の固定を解除し、1951年には長期金利も自由化した」「1940年代と今のもう1つの共

忍び寄る「大いなる不安定」

景気短命の40年代に類似

Market Beat

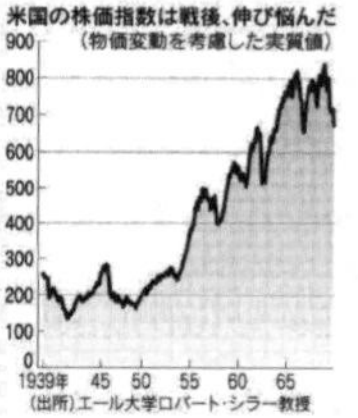

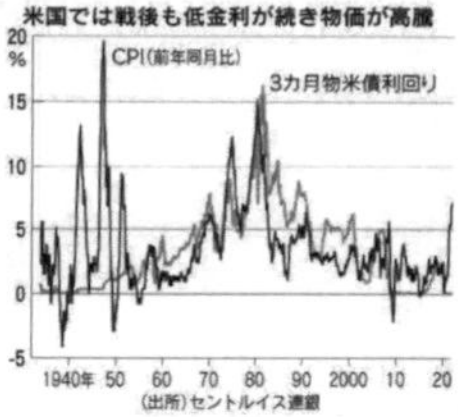

(出所)セントルイス連銀

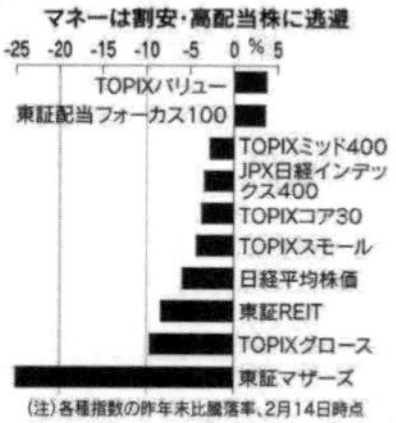

(注)各種指数の昨年末比騰落率、2月14日時点

「1940年代と似ている」。第2次世界大戦後を今の相場に重ね合わせる声が、市場で相次いでいる。供給制約や巨額の政府債務など共通点が多い。当時は物価統制と低金利から一転、インフレと金利上昇に局面が変わり景気サイクルは不安定になった。足元ではパンデミックからの景気回復には早くも息切れ感が見え、相場の冬に備えるべきだとの指摘もある。

「景気拡大も終盤だ。秋口からは減速感が出てくる可能性がある」。三井住友DSアセットマネジメントの青木英之グローバルグループヘッドは経済協力開発機構（OECD）の景気先行指数の動きを踏まえ、こう予想する。半年から9カ月先の景気の変動を示唆するとされる同指数は、直近の1月まで6カ月連続で前月を下回った。

新型コロナウイルスの感染が広がった2020年以降の経済環境は1940年代の米国と共通点が多い。戦時中は軍需が膨らむ一方で物価が統制され、国の戦費調達を容易にするため長短金利も低水準に固定された。財政と金融政策を総動員した「感染症との闘い」と相似形だ。

終戦後は自動車購入などの消費も拡大し、一転して物価が急上昇した。米連邦準備理事会（FRB）は47年に0%近辺にとどめていた短期金利の固定を解除し、51年には長期金利も自由化した。需要動向や金融政策の急変で景気が不安定化し、拡大期と後退期が頻繁に入れ替わったのも40年代後半から60年代初めにかけての特徴だ。

モルガン・スタンレーの米株ストラテジスト、マイケル・ウィルソン氏は当時と今を重ね、コロナ禍で起きた消費爆発による好景気の寿命は短いと読む。「今後の市場の主な懸念は金融政策から景気に移る。数カ月は身をかがめて冬をやり過ごすべきだ」といい、割安で景気変動に強いディフェンシブ銘柄を勧める。

同氏の予想通りなら米景気の変動は数十年ぶりに短期化する。70年代のインフレを乗り切ると80年代半ばから2000年代後半の金融危機前まで「大いなる安定」と呼ばれる長期の景気拡大が起きた。金融危機後もFRBの緩和策が景気循環を抑え、コロナショックまで過去最長の景気拡大を記録した。

不安定な1940年代に配当収入が株式投資を下支えしたことは、ここからの相場のヒントになりそうだ。エール大学のロバート・シラー教授によると物価上昇に株価が追いつかず、米国の株価指数の実質値は戦後しばらく伸び悩んだ。

S&Pダウ・ジョーンズ・インディシーズによると40年代の株式運用の利益の53%を配当が占めた。足元の日本株市場でも高配当株の株価は日経平均株価などを上回って推移しており、投資家の資金逃避が進んでいる。

40年代と今のもう一つの共通項は巨額の政府債務だ。戦費がかさんだうえ第1次世界大戦後にドイツから受け取ったような莫大な賠償金もなく、米国の名目国内総生産（GDP）比の債務残高は100%を超えた。

ただし戦後は物価急騰が債務圧縮につながった点が今とは異なる。現在のFRBは早めの引き締めでこれ以上の物価上昇を防ぐ構え。インフレによる借金帳消しは政治的にも現実的ではなく今後の財政での景気の下支えは期待しにくい。バイデン米政権の大型歳出・歳入法案は民主党内の反対もあり成立が危ぶまれている。「財政出動というゲタがなくなり、企業はこれまでのような好業績を維持できないだろう」（大和証券の谷栄一郎チーフストラテジスト）

「冬の相場」を乗り越えた投資家に春は訪れるのか。50年代以降はベビーブームによる人口増加と重化学工業の発展が株価を押し上げた。だが東京海上アセットマネジメントの平山賢一執行役員は50年代からの強気相場の再来には悲観的だ。「当時のような人口増は望めない。ソフトウエア開発を中心としたIT（情報技術）技術の進展も恩恵を受けるのは社会の一部だ」。環境分野への投資は企業のコスト増になるうえ、消費性向を高める作用はないと分析する。

一方で当時はテキサス・インスツルメンツ株やIBM株が人気化するなど「従来の業種分類になじまない企業が急成長した」（りそなアセットマネジメントの黒瀬浩一チーフ・ストラテジスト）時期でもある。しばらくは守りの運用に徹しつつ、コロナ後の世界における投資戦略を練るタイミングといえそうだ。

（北松円香）

「日本経済新聞」2022年2月15日付朝刊

通項は巨額の政府債務だ。戦費がかさんだうえ第1次世界大戦後にドイツから受け取ったような莫大な賠償金もなく、米国の名目国内総生産（GDP比）の債務残高は100％を超えた。ただし戦後は物価急騰が債務圧縮につながった点が今とは異なる」と述べている。

さらには、4月4日の「**株式投資は大選別時代に**」と題した記事では、「歴史的な高インフレが続く米国で長短金利とは別に、もう1つの利回りの逆転が進んでいる。長期金利が株式の配当利回りを上回る『イールド革命』だ。約60年ぶりに相対的な株式の配当妙味が継続的に下がる可能性が高まっている。**株式投資は選別がとりわけ重要な時代を迎えた**」と報じていた。

とはいえ、こうしたなか**日経新聞を縦軸に丁寧に読み解けば、いち早く、インフレ、円安を察知し、株式投資に生かす**ことも可能だ。

投資の参考になる「超・初・再燃・最高」のキーワードがあった記事

次の一連の記事は、株式投資家にとって大いに参考になる内容で、とりわけ関心を惹いたのが3月18日の「**家計金融資産、初の２０００兆円台**」、4月9日の「**割安な成長株に期待**」と題する記事だった。

○「貯蓄率、２年連続34％超」（日経新聞切り抜き　２０２２年２月９日）

「新型コロナウイルス禍によって縮小していた個人消費の回復が進んでおらず、総務省が8日に発表した2021年の家計調査によれば、2人以上の世帯の消費支出は実質で0・7％増に止まり、勤労者世帯の平均貯蓄率は34・2％と、2年連続で高止まりしたままだ」と報じている。

これに関係するのが3月18日の「**家計金融資産、初の２０００兆円台**」という記事で、低成長下で個人マネーが滞留し、円安・株高で投資信託などの保有額が膨らんだ反面、個人消費の回復は鈍く、現預金は過去30年で2倍に増えたとしている。

つまり、**お金はあるが消費や投資に回らない**ということだ。その回復のヒントになるのが4月9日の「**割安な成長株に期待**」と題する記事である。GAMインベストメンツのマーク・ホーティン氏によると「投資するタイミングは今だ。成長株の底打ちがいつなのかわからないが、成長株がここまで割安なことは珍しい。今か、半年後かという正確なタイミングを狙うために時間を費やすべきではない」という提言がされている。

次に4月5日の「**米ミーム株ブーム再燃**」と題する記事に目をとおしてみると、アメリカではミーム株（はやり株）が急騰しており、米ゲームストップや米映画館運営のAMCエンターテインメント・ホールディングスなど、新型コロナショック後にもてはやされた銘柄に個人投資家のマネーが再び流入しているという。

そして4月8日には、「**日本株、個人の買越額最高**（個人が買った金額から売った金額を差し引いた額）」という記事があり、その2021年度の額は1兆701億円に達したと評価しているが、アメリカの個人の買越額は、なんと日本の15倍以上の1500億ドルに上っていると書かれている。

ＦＲＢが集計している2021年のアメリカの資金循環統計によると、家計（個人）の現預金は15兆ドル（1875兆円、当時の為替125円で計算）とコロナ前より4兆ドル増えている。その中で個人による株式の買い越しが1500億ドル（18兆7500億円）だった。

一方、日本の家計の現預金は1100兆円なのに、個人の株式の買い越し額は過去最高でも1兆701億円しかない。**米国の預貯金は日本に比べて1・7倍で、個人の買い越し額では日本の17倍**もある。

要は、日米の買越額には大きな開きがあり、**日本も米国並みの水準で、現預金が投資に回れば、日本経済復活のポテンシャルは計り知れない**ことになる。

「世界同時不況」を連想してしまう記事

次の記事の「**スタグフレーション**」という言葉を目にすると、２００８年9月の米証券大手リーマン・ブラザーズの経営破綻をきっかけとした「世界同時不況」を連想する人が多いかもしれない。また、１９７０年代に起きたオイルショックで原油価格が高騰し、インフレに陥って経済全体が大きな打撃を受けたことを思い起こす人もいるだろう。

ＦＲＢの度重なる利上げ政策がインフレ抑制として果たして功を奏《そう》するのかといえば、予測困難な状況が続いていることに変わりはない。

◎「米債揺らす3つのリスク」（日経新聞切り抜き　2022年3月5日）

この記事のリード文は以下のように書かれている。

米債券市場が「高インフレの長期化」「景気減速」「金融環境の悪化」という3つのリスクに揺れている。ウクライナ情勢の緊迫を背景にしたエネルギー高でインフレ予想が上振れするなかでも、長期金利の上昇圧力は弱いままだ。景気停滞と高インフレが併存する「スタグフレーション」への警戒が一段と強まっている。

こうした状況下、FRBのパウエル議長は、3月2～3日の議会証言で3月のFOMC（米連邦公開市場委員会）での利上げを明言し、インフレが予想以上に高まれば、「0・5％の利上げ」もあり得ると言及したという。

この利上げは、実際には2カ月後の5月4日に履行され、FRBは政策金利を0・5％引き上げ、0・75％～1・0％としており、0・5％幅の利上げは2000年5月以来、実に22年ぶりのことだと報じられ、NYダウは翌日5日1063ドル安と千ドルを超す下げ幅となった。

「0・5％の利上げ」は3月の段階で予想されていたにもかかわらず、サプライズとして株価を下げたわけで、**市場は意外と、新聞に書かれているものを見ていない**ことを証明した。

そして、アメリカ経済の先行き、FRBの政策についてゴールドマン・サックスCEOのデービッド・ソロモン氏にインタビューしたというのが、3月11日の「**米景気の軟着陸、予測困難**」と題する記事だ。

同氏は「FRBは慎重かつ計画的にインフレの抑制に努めるはずだ。今後数カ月で判明してくるだろう」「現時点での公式の利上げ予想は、2022年3月16日を含め年内すべてのFOMCで0・25%ずつ7回」と述べ、経営トップとしての見通しについては「それが予言できるんだったら、こんな仕事はしていませんよ」とかわしたと書かれている。これは将来の予測をすることは不可能と言っているのに等しい。

欧州にエネルギー危機をもたらしたロシア

ロシア・ウクライナ戦争の攻防の1つとして、ロシアが自国の天然ガスを〝武器〟

にして輸出を制限していることが伝えられている。一方、ロシアと対峙する欧州の国々は経済制裁の一環として、ロシアからの天然ガス輸入を制限もしくは停止している。

欧州にとって天然ガスは暮らしと経済を支える重要なエネルギーであり、寒さの厳しい冬には家庭用暖房の燃料として欠かせないほか、製造業に必要な電力の燃料などとしても使われている。

したがって、かつてのようにロシアから天然ガスがスムーズに供給されない状態では、欧州の多くの国がエネルギー危機に陥り、次の記事が伝えているように**石炭・原子力株が急騰するのも当然の成り行き**といえる。

○「石炭・原子力株が急騰」（日経新聞切り抜き 2022年3月11日）

ロシア軍のウクライナ侵攻が国際社会にどのような影響をもたらしているかというと、まず、この記事に書かれているように、**原油価格の高騰を背景に石炭・原子力株**

が急騰している。これは、**欧州などの国々がエネルギー確保や安全保障のために政策を転換**するとの見方があるためで、「**グリーン路線からの揺り戻し**」が石炭価格の急上昇につながっているとも報じている。

物価上昇を伝える記事

ロシア・ウクライナ戦争による原油高騰は物価上昇につながり、我々の身近な生活にも波及している。企業間で取引するモノの価格が高騰し、スーパーの店頭を見ても多くの品目の値段が上がっており、物価上昇を伝える記事が増えた。

○「小麦先物14年ぶり最高値　穀物の供給懸念強まる」

（日経新聞切り抜き　2022年3月5日）

この記事は、ロシア・ウクライナ戦争による小麦高騰の様子を報じている。

ウクライナは「欧州のパンかご」とも呼ばれている農業大国で、小麦はロシアと合わせれば世界の輸出量の3割、トウモロコシや菜種は2割弱を占めているという。**穀物の供給が止まれば当然、物価高を招く**わけだが、価格を上げるためには戦争も辞さないという人間が、どこかにいるかもしれないと思ったりもする。

◎「アパレルも値上げの波」（日経新聞切り抜き　2022年3月9日）

この記事には「ユニクロ、一部で5割」「原料・物流費高騰　しまむらは秋冬物」という副題が付けられており、リード文は次のように書かれていた。

アパレル業界に値上げの動きが広がっている。ファーストリテイリング傘下のユニクロは東南アジアなどで生産する一部の定番商品を値上げし、しまむらも2022年後半からの値上げを検討している。素材価格や物流コストの上昇で各社は価格の維持が難しくなっている。食品などで先行した値上げの波がアパレルにも及んできた。

3月11日の「**企業物価が高騰　価格転嫁にカジ**」と題する記事では、冒頭、「日銀が10日発表した2月の企業物価指数は前年同月比9・3％上昇し、伸び率はオイルショックの影響があった1980年12月（10・4％）以来およそ41年ぶりの高水準になった」と報じている。

また、3月12日の「**欧州線　週300便欠航・迂回**」と題した記事によれば、ロシア領の領空閉鎖によって物流が停滞し、航空各社はロシア上空を回避する代替えルートを取り始めており、**日本・欧州間の航空貨物運賃はウクライナ侵攻前の2倍程度に上昇**していると報じていた。

半導体事業・自動車産業の動向

現在、多くの国がインフレに打ち勝つ方法を考えなければならない状況であり、日本の産業・企業も例外ではない。そこでインフレを打破するために、どのようにすれば「稼ぐ力」をものにできるのか。日本経済の柱となる半導体事業、あるいはＥＶ（電気自動車）を主とする自動車産業について、以下のような指標ノートのコメントがある。

◎「車載半導体、供給回復続く」（日経新聞切り抜き　2022年2月25日）

この記事は、車載半導体の供給回復が続いていることを報じていて、**ルネサスエレクトロニクス**（6723）など世界大手5社の2021年末の在庫総額は2020年末比9％増と、第2四半期連続で2020年同期を上回ったという。

しかし、供給制約に好転の兆しが見えるものの、完成車メーカーが挽回生産や在庫水準の引き上げに動いたことによって需要も大きく膨らんだ。需給バランスを取り戻すには、まだ時間がかかりそうだとも書かれている。

次いで、4月12日の「**半導体関連株、見えぬ底**」と題する記事を見てみると、「株式市場の牽引役だった半導体関連銘柄が崩れている。主要な半導体関連銘柄で構成する米フィラデルフィア半導体株指数（SOX）は新型コロナショックを経て2年あまりで3倍になったが、2022年に入り減速トレンドへの転換が鮮明だ」と報じており、

需要減や在庫のだぶつきを警戒した投資家の売りが増大していたことがうかがえる。

◎「TSMC、最先端品を量産」（日経新聞切り抜き　2022年4月15日）

この記事のリード文は次のように書かれている。

台湾積体電路製造（TSMC）が年内に、台湾の新工場で世界最先端の「3ナノ（ナノは10億分の1）メートル品」の半導体の量産を始める。さらに先端の「2ナノ品」の新工場建設も年内に台湾で始めることを決めた。世界の先端半導体の92％の生産を担う台湾で、今後一段と重要な半導体の一極集中化が進む。昨年来、過度な台湾依存の地政学的リスクが盛んに指摘されてきたが、世界は今なお止められずにいる。

TSMCは、米アップルのスマートフォン「iPhone13」向けなどに、「5ナノ品」と呼ばれる先端の半導体を供給するなど、技術力で群を抜き、唯一のライバルとも言えた韓国サムスン電子とも、大きな技術差が付いたとしている。

そして3月15日の「**半導体、3次元積層で進化**」という大見出しを付けた記事では、先端半導体の開発で、複数のチップを積み重ねて性能を高める3次元（3D）技術の重要性が増しているとしている。これは半導体の回路の配線を細くする微細化で面積を小さくし、半導体を小さくする技術は限界を迎えたことを意味している。

さらに面積を小さくできなければ「積層構造」にすることになるが、これは狭小地で面積を広げられない場合、縦に伸ばして複数階建ての家にするというのに似ている。この関連の装置・材料では**東京応化工業**（4186）、**TOWA**（6315）など、日本のメーカーも存在感を示していることについて触れている。

○「EV連合『ソフト×量産』」（日経新聞切り抜き 2022年3月5日）

これは、**ソニーグループ**（6758）と**ホンダ**（7267）がEV（電気自動車）やモビリティー分野で提携し、ソフトと自動車の量産技術を掛け合わせ、新たな事業モデルの構築を目指しているという記事だ。

ソニーは画像センサーや通信技術、エンターテインメントが強みで、ホンダには車体製造のノウハウや世界での販売店網があるとしており、両社が共同出資で設ける新会社はＥＶの車両の設計、開発、販売までを一貫して手掛けるという。

この記事に関連する形で３月６日に「**創業スピリッツ再起へタッグ**」という記事がある。その冒頭、「自動車産業が１００年に1度といわれる変革期を迎えるなか、両社が創業時のスピリッツを取り戻せるかが問われる」と書かれているが、ソニーの創業者・井深《いぶか》大《まさる》氏とホンダの創業者・本田《ほんだ》宗一郎《そういちろう》氏の40年にわたる交友に関する記事を読むと、最後に「人まねせず、失敗を恐れずに新しいことに挑戦する。（これは）ソニー・ホンダの新タッグにとって、色あせないメッセージである」と書かれている。

既存のものを組み合わせることがイノベーションであるならば、この組み合わせから**何か新しいものが生まれる予感**がする。

◎「テスラ時価総額22兆円　トヨタ抜き車トップ」

（指標ノート　2020年7月1日）

テスラ社の時価総額が約2105億ドル（約22兆6000億円）に達し、トヨタを抜いたというこのニュースは**EV（電気自動車）への移行が加速していること**を物語っていた。

2020年7月のテスラの株価は216ドル。その後、2021年11月の段階で1243ドルという高値をつけている。したがって、同社の時価総額は約1年半後に1兆ドル（百何十兆円）以上に達したことになり、テスラの株価が216ドルのときに素直に投資していれば、投資額は約6倍に膨らんでいたことになる。

2019年にトヨタが世界で販売した台数は約1074万台。一方、同年のテスラの販売台数は約36万7500台で、まだトヨタの約30分の1でしかなかった。

だが、同社は次世代の自動車業界を担う存在として投資家の注目を集め、その後も株価の急伸が続いた。

株式市場は将来を先読みするため、テスラがトヨタと同様に、EVを年1000万台販売するところまで織り込んだと考えられる。このような相場は期待だけで上昇する「理想相場」と呼ばれるが、一旦、**足元の現状が冷静に見られると株価は元に戻るリスクがある**ので注意が必要だ。実際に2023年1月9日時点で、株価は119ドルまで下落している。ちなみに私はEVの時代はそんなに簡単には来ないのではないかと考えている。

◎「トヨタ米販売　初の首位233万台」（指標ノート　2022年1月4日）

2020年7月1日には「**テスラ22兆円　トヨタ抜き車トップ**」とコメントしており、テスラと**トヨタ自動車**（7203）の時価総額が逆転したことがわかった。これと似たような感じで2022年1月4日の大発会当日に報じられたのが、2021年のアメリカにおけるトヨタの販売台数がGM（ゼネラル・モーターズ）を抜いて首位になったというニュースである。同日、トヨタ株は史上最高値を更新した。

トヨタが首位になった要因は、半導体不足で大幅な減産を強いられたGMや米

図表7 **トヨタ自動車（7203）の日足チャート**

2020年7月の終値は1243円。その後、2022年1月に最高値2475円を記録

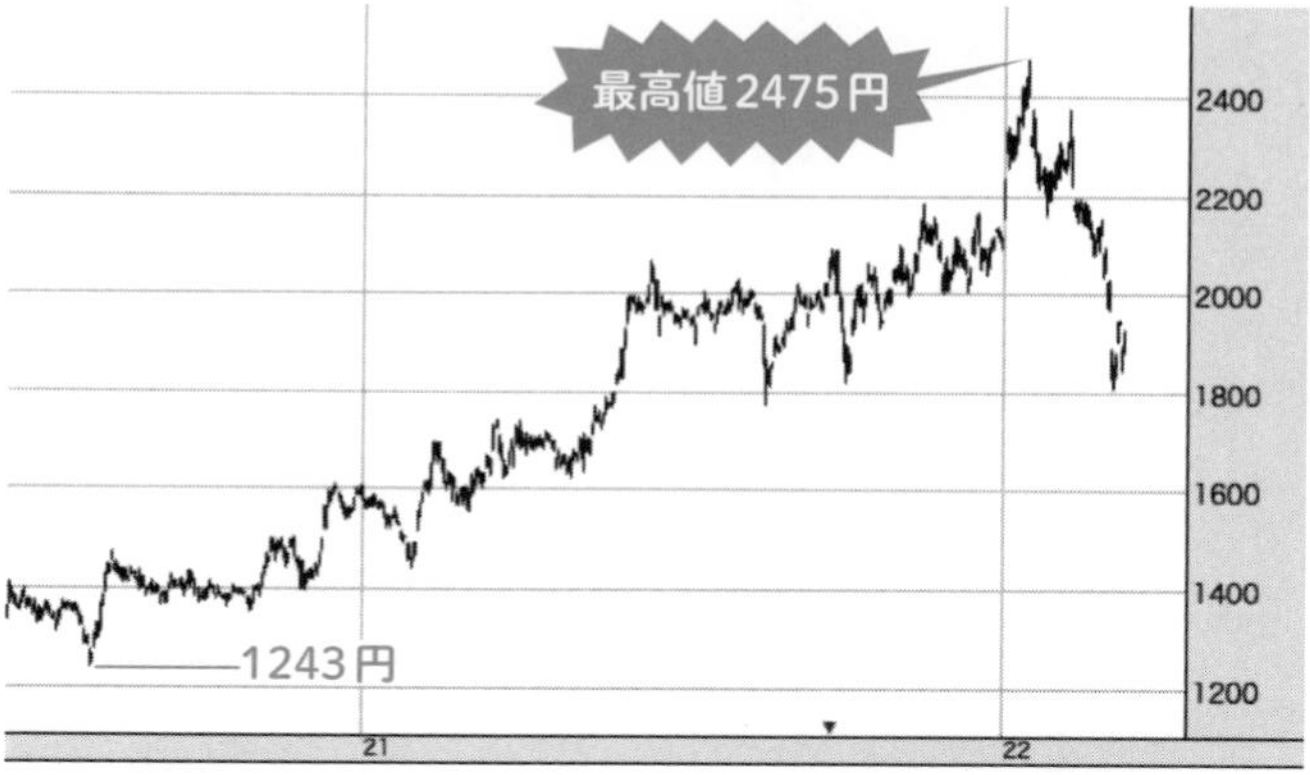

（出典：株探 https://kabutan.jp/）

フォード・モーターに比べて影響が限定的だったからだと伝わっている。だが、おそらくこれからもトヨタはアメリカで販売台数を続伸させることだろう。その兆しを感じさせたのが2022年1月25日の「**トヨタ22年度世界生産1100万台**」という見出しだ。実際に2022年の12月の日経新聞の記事では、「**トヨタ、3年連続世界一へ 22年新車販売台数**」の見出しをつけ、世界新車販売が3年連続で世界首位になる見通しであることが報じられた。

この世界生産1100万台という数字は、自動車販売で世界一になることを意味している。トヨタは今のところ、

ガソリン車、ハイブリッド車（HV）、燃料電池車（FCV）、EVなどフルラインナップでいくことを目指している。その世界一のトヨタの株価が、史上最高値を付けたということは、株式市場はその流れを認めていることになる。

とすると、**全てEVになるというストーリーも柔軟性を持って考えた方がよい**ということになるだろう。

最先端技術が生み出す新産業

「**必要は発明の母**」と言われているが、発明・発見から生まれたすべてのモノやシステムは、汎用性につながることで真の価値が発揮されると言えるだろう。つまり、あまねく人に役立つモノやシステムにすることが最も重要で、それを利活用する人たちの経済的リスクを最大限軽減する必要もある。

日本には最先端技術や、新たな世界の実現に取り組んでいる企業がいくつもあり、以下のような記事から各企業・団体の動向がうかがえる。

○「国産量子コンピュータ、政府新戦略」（日経新聞切り抜き 2022年3月5日）

この記事の冒頭、「政府は12日、量子技術に関する新たな戦略案を公表した。**初**の国産量子コンピュータを2022年度中に整備する目標を示した」と書かれている。量子コンピュータは電子や光子（光の粒）などの総称である量子が持つ特性を利用し、スーパーコンピュータを超える計算能力を持つとしている。

3月4日の「**開花待つ人工光合成**」という記事では、脱炭素社会の実現に向けた切り札として期待が高まる「人工光合成」について、社会実装への道筋をどう描くか、その課題・展望について有識者の意見を紹介している。

次に4月2日の「**INPEXが核融合発電**」と題する記事に目をとおしてみると、**INPEX**（1605）が原子核同士を合体させてエネルギーを生み出す核融合発電に参入すると報じている。「核融合は安全性で優れている」という見出しを付けた別表で原子力発電と核融合発電の長所・短所を比較しており、核融合発電の長所については、「核のごみ」を出さず重大事故リスクが低いとしている。

ところで「核」というと、どうしても原子力爆弾とか原子力発電や放射能汚染など、非常に危険なイメージがつきまとうが、それは核が「分裂」するという反応であり、このＩＮＰＥＸの記事が報じている「融合」はその正反対の反応であるため、まったく別物であるとの認識が必要だ。人でいえば、「分裂」は「離婚」、「融合」は「結婚」であり、真逆のものである。

核融合はほかにも、１グラムの燃料当たりで発生するエネルギーは核分裂よりも4倍以上も大きく、燃料や電源を切ればすぐに停止するという性質からコントロールがしやすいなどの長所がある。

続いて、4月18日の「**トラック輸送可　超小型の原子炉**」というタイトルの記事では、**三菱重工**（７０１１）がトラックで運べる超小型の原子炉を２０３０年代に商用化すると報じている。電力出力は従来の１００万キロワット級原子炉の２０００分の1で、高さ約3メートル、幅約4メートル、重量40トン未満を想定しており、トラックのコンテナの中に原子炉や発電設備が収納できるという。

これは「核分裂」による発電装置だが、出力を小さくすることで安全性を高める一方、小型化することで、どこでも持ち運びができるようにするという優れものだ。

さらに、2月15日の「**『第4の水素』米欧実用化へ**」というタイトルの記事では、原子力発電所の電力で製造する水素が、米欧などで実用化に向けて動き始めており、余剰電力を活用して比較的に低コストで自給できる利点があると書かれている。

市場で流通している水素の大半は化石燃料由来の「グレー水素」で、その製造過程で出るCO_2を回収する「ブルー水素」が当面主流になるとしている。原発の電気で製造する「**第4の水素**」は「イエロー水素」あるいは「ピンク水素」と呼ばれ、**低コストと脱炭素を両立させる技術として期待がかかっている**という。

◎「500キロ先に『触る』を伝える」（日経新聞切り抜き 2022年2月4日）

サブタイトルに「大林組、熟練工の技　ネットに第3の感覚」とあるように、**大林組**（1802）が離れた場所に設置した2台の装置で、現場に行かなくても熟練工が左官作業ができる技術を開発したと報じている。

これは遠隔操作によって、移動距離や移動時間を省き、限られた熟練工の技を共有できる技術で、**人口減少による人手不足の救世主になる可能性**を秘めている。

手触りや衝撃といった触覚をデジタルで再現する技術を「**ハプティクス**」といい、その再現方法は多種多様だ。振動型は**村田製作所**（6981）傘下のミライセンス、ソニーグループ、**帝人**（3401）など、超音波型はイギリスのウルトラリープなど、空気圧型はソニーグループが開発しているという。

そして、4月17日の「**空気から電気、究極電池**」と題した記事では、空気から電気をつくる究極の蓄電池が近い将来、実現できる見込みが出てきたとしている。軽さと容量を兼ね備えているので、2030年代以降の普及を目指す「**空飛ぶクルマ**」に欠かせない動力源の1つになると書かれてもいる。これは、**フリーエネルギー時代の到来**が予測できる。

「空飛ぶクルマ」に関係するのが、4月13日の「**『空の道』管理　覇権争い**」という記事だ。安全飛行を支える運航管理システムに**KDDI**（9433）などが本格参入し、先行する**NTTデータ**（9613）や**日立製作所**（6501）に挑むという。

さらには、3月18日のタイトルが「『**空飛ぶクルマ**』**毎時20便**」という記事に目を移すと、2025年に開催される「大阪・関西万博」で、会場と周辺の空港や大阪市内などを結ぶ8つの路線を候補とし、毎時20便の「空飛ぶクルマ」の運航を目指すと書かれている。また、2月16日の「**空飛ぶクルマ、広がる商機**」と題した記事では、「空飛ぶクルマ」は近距離移動にニーズがあるとみて、**ANAホールディングス**（9202）や**トヨタ自動車**などが参入する模様と伝えている。

「空飛ぶクルマ」が実現すると、渋滞がなくなるといった小さな話だけではなく、先述したトヨタ自動車の考え方も一変するし、道路という概念そのものがなくなる可能性すらある。当たり前だが、生活スタイルが大きく変わるので、そのような将来を想像するのも面白いかもしれない。

◎「月面が生む1兆円市場」（日経新聞切り抜き　2022年3月4日）

この記事のリード文は以下のように書かれている。

月を舞台に新たな産業が生まれようとしている。２０２２年は日本のスタートアップ、ｉｓｐａｃｅ（アイスペース、東京・中央）などが月着陸船の打ち上げを計画。貨物輸送や水資源開発など月面ビジネスは30年代後半に1兆円規模の市場に膨らむ可能性がある。国家が科学力を競う場だった月は宇宙開発の拠点になると目され、企業進出が加速する見通しだ。

幅広い業種の企業が月面ビジネスに着目しているとして、「月への貨物輸送」「月面探査車などを開発」「月面基地や資源探査の技術開発」「水の電気分解や電池技術の研究」「月ビジネス向け保険などの提供」に区分して企業名を挙げている。

4月25日の「**人を再び月へ　火星も視野**」と題した記事に目を移してみると、「約50年前の『アポロ計画』以来の人類の月面着陸を目指した米国主導の『アルテミス計画』が進む。持続的な月面開発だけではなく、初の火星有人探査も視野に入れ、多くの企業が参加する一大プロジェクトだ」と書かれている。その後の11月16日の指標ノートには「**アルテミス計画、NASAオリオン打上げ成功**」と記しており、同計画が着々と進んでいることがうかがえる。

◎「違う血液型で生体肺移植」（日経新聞切り抜き 2022年4月13日）

この記事は、京都大学の病院が、女性患者に対して血液型の異なる父親の肺の一部を移植する手術を実施し、これは**世界初の試み**であったが、**経過良好**ということを報じている。

さらに驚かされたのは、2月21日の「**豚臓器移植　リスク見極め**」というタイトルの記事だ。米メリーランド大学で患者に豚の心臓を移植したことを報じており、豚の遺伝子を改変したことで可能になったという。

従来、血液型が違う場合の移植は、移植される側の生体拒否反応で不可能とされてきただけに豚の臓器を移植したという記事は驚きだった。ただ、スタジオジブリの映画『紅の豚』や『千と千尋の神隠し』の人が豚に変身してしまうシーンを観ると、実は**人と豚は非常に近い存在なのかもしれないと妄想**してしまう。

習近平体制の崩壊の予兆

5年に1度開かれる中国共産党の第20回党大会が2022年10月16日に開幕し、習《しゅう》近《きん》平《ぺい》総書記（国家主席）が登場する姿を多くの人がテレビの報道で見たことだろう。にこやかに手を振りながら自席に着き、党の運営方針をまとめた中央委員会報告（活動報告）を発表する様子は、自信に満ちているようだった。過去5年を振り返りながら報告された内容の要旨を箇条書きにすると、以下のようになる。

①小康社会（ややゆとりのある社会）の全面的完成を推進した。

②中国共産党の創立100年と中華人民共和国の建国70年を盛大に祝い、第3の「歴史決議」を決定した。

③「ゼロコロナ」を堅持し、新型コロナウイルス感染症対策と経済・社会発展の両立で成果を収めた。

④台湾問題については武力の行使を放棄することなく、必要なあらゆる措置を取るという選択肢を保留する。

①では脱貧困などの成果を挙げ、「我々は団結して人民を率い、長きにわたって解決できなかった難題を解決した」と強調した。

②では、この第20回党大会に先立って12日に閉幕していた中国共産党の重要会議、第19期中央委員会第7回全体会議（7中全会）において、毛沢東《もうたくとう》、鄧小平《とうしょうへい》の時代に続く第3の「歴史決議」が採択され、習近平が引き続き絶対的な地位に就くことが確認された。

④では平和統一に最大限努力するが、米国など台湾支持を表明している各国を念頭に、台湾統一の強い意思に変わりがないことを訴えた。

習氏の絶対的地位の確認は7中全会で判明していたことで、その際、建国の父・毛沢東が務めた最高位「党主席」の復活には触れなかったものの、中国共産党創立10

０年の式典（２０２１年７月１日）において、**かつて毛沢東が着ていた人民服と同様の薄いグレーの人民服で会場に現れた姿は印象的**だった。

習近平指導部は、この党大会を経て異例の３期目に入ったが、振り返ってみれば同指導部が誕生した２０１２年の中国の名目ＧＤＰ（国内総生産）は米国の５割を上回った程度だった。同指導部は、この数値を米国の８割まで拡大することを目標にしてきたものの、現在は、目標値５・５％はおろか３％の達成も危ういとみられている。

したがって、中国経済の構造改革は待ったなしの状況と思えるし、人口減少と高齢化、不動産バブルの崩壊、国内の格差拡大、失業率の拡大、新疆《しんきょう》ウイグル自治区の問題等々を考えると、**中国が初めて新疆ウイグル自治区で原子力爆弾の実験に成功した記念日に第20回共産党大会が開幕されたことに、まず違和感を覚える**。

そしてそれと同時に、**習近平氏への過度の権力集中、同指導部の政治姿勢と現実の乖離《かいり》に危うさを感じる**。また、以下に挙げたこれまでの指標ノートのコメント、日経新聞の切り抜きからも同様の印象を受ける。

◎「中国国勢調査人口14億1177万人」（指標ノート　2021年5月11日）

このコメントを書き写した日経新聞には「20年出生2割減」という見出しが続いていて、要は人口が減っているということだ。一人っ子政策を進めていた国が、一転して「**人口×生産性＝国力**」という方針で、同月31日に「**中国共産党第3子容認**」と発表していることに、**中国政府の少子高齢化問題への対応の遅さ**がうかがえる。

◎「東京五輪開幕　中国共産党大会100周年」（指標ノート　2021年7月23日）

東京オリンピック・パラリンピックは当初、2020年に開催される予定だった。それが新型コロナウイルスの感染が世界的に拡大するなか、2020年3月に1年程度の延期が決定し、結局、翌2021年夏に開催されることになった。しかし、コロナ禍の影響で2021年の開催も危ぶまれ、開催の延期や中止を主張する声もあった。

こうした状況下、**私は開催1年前から東京オリンピック・パラリンピックは2021年7月23日に必ず開催される**と信じて疑わなかった。

その根拠は「7月23日」という日付で、この日は中国共産党第一次全国代表大会が開催された1921年7月23日からぴったり100周年に当たる日だからであり、それに先立ち7月1日に「中国共産党大会100周年」の記念式典が開催された。

もしコロナ禍の影響で、同日開催の東京オリンピック・パラリンピックが中止になれば、**コロナ禍に打ち勝った中国とコロナ禍に負けた欧米勢という構図**が世界に見えてしまうからだ。**東京オリンピック・パラリンピックは平和の祭典ではなく、米中対立の構造をさらに鮮明にした**と思っている。

○「中国冬季スポーツ『3億人計画』」（日経新聞切り抜き　2022年2月17日）

北京冬季五輪（2022年2月4日〜2月20日）を契機に、中国政府が国内の冬季スポーツ人口を3億人にする計画を打ち出し、2025年までに観光を含め、1兆元（約18兆円）規模の市場に発展させる目標を掲げたというのが、この記事だ。

ただし、冬季スポーツの普及に躍起《やっき》になっているとはいえ、スキーやスノーボードなどの道具代が高いため、この計画の狙いにある五輪後に冬季スポーツのブームを作るということは遠のくとも報じていた。

一方で、3月1日の「**中国『高所得国』入り目前**」という記事を見てみると、中国の1人当たりのGNI（名目国民総所得）は1万2438ドル（約143万円）となっており、世界銀行が定めている高所得国の基準（1万2695ドル超）に迫っているという。

この2つの記事を併せて考えると、**中国は全体でみれば高所得国になったとはいえ、まだ一般的には、冬季スポーツができるほど豊かになっていない**ということだ。

それを裏付けているのが4月1日の「中国離婚件数43％減」という見出しの記事である。離婚件数が大幅に減った主因は、衝動的な離婚をなくすために「冷静期間」を設け、2021年1月に施行した民法典に基づき、離婚手続きの申請後、30日以内は取り下げられるようにしたからだとしている。

だが記事の続きを読むと、「離婚後の暮らしや子どもの将来への不安が、離婚をためらう要因とみられる。都市部の新規雇用は今なお新型コロナの感染が広がる前の水準を下回る。生活コストが高騰し夫婦共働きが一般的ななか、離婚後も同じ生活水準を保つのが難しい人は少なくない」とも報じており、一般的に豊かさが実感できていないことを示している。

次の記事を読むと、すでにニクソン訪中から50年が経過していることと、先頃（2022年10月16日）に開かれた中国共産党の第20回党大会で習近平が絶対的地位を確立したこと、ロシア・ウクライナ戦争が勃発（2022年2月25日）していることは、**50年というサイクルに符合《ふごう》**していて、不思議に思うと同時に歴史の重みを感じる。

◎「ニクソン訪中50年　米は自省」（日経新聞切り抜き　2022年2月18日）

これは、ニクソン大統領（当時）が中国を訪問してから21日でちょうど50年になるという記事である。「中国は米国が期待していた民主化を顧みず、巨大な経済力と軍事力を背景に発言力を高める『唯一の競争相手』になっており、ゆえに米国は自省している」と書かれている。

中国政府は、このニクソン訪中をお膳立てしたキッシンジャー氏を今なお、協調と共存のビジョンを持つ賢明な政治家と讃《たた》えているという。しかし、**キッシンジャー氏は1971年に米中関係がいずれ悪化するとの見方を側近に示していた**そうだ。

中国は2008年の世界金融危機で米国が力を落としたと判断し、2016年ごろから「100年に一度の大変革期」が訪れたと主張するようになった。それは、19世紀末、欧州列強に主権を明け渡すよう強いられた中国の指導者たちの「**(世界は)3000年間、見られなかったほどの大変革期**」にあるという嘆きが、主張の下敷きになっているという。

キッシンジャー氏は回顧録のなかで、長年米中対立の争点となってきた台湾問題は周恩来《しゅうおんらい》との会談の冒頭、少し話題になった程度だったと書いているそうだ。だが、機密解除となった記録によれば、周恩来は冒頭からキッシンジャー氏に対し、台湾への関与をやめるよう強く迫り、台湾問題がまとまらなければ、米国との関係正常化はできないとまで言い切ったという。

こうした記事を読むと、単純に米中のどちらが悪いということではなく、歴史を振り返れば、中国は19世紀から欧米列強の脅威《きょうい》に晒され、その恨みが沸々《ふつふつ》といまだに出てきているというのが実態ではないだろうか。

そして、2月13日の「**米、37年ぶりフィジー訪問**」という記事を見てみると、ブリンケン米国務長官が人口約90万人のフィジーに足を運んだ背景には、ロシアによるウクライナ侵攻の懸念が急速に高まるなかで、南太平洋地域で台頭する中国への警戒感があるとしている。この記事もまた、**中国の台頭によって従来のアメリカ一強の枠組みが大きく変わることを示唆しているよう**に感じた。

自然災害と気候変動問題リスクへの警鐘

自然災害についての記事のタイトルを指標ノートに記入していると、**発生場所や日時が違っていたとしても、その関連性に気づく**ことがある。

たとえば、２０２１年12月3日のコメント欄に「**山梨、和歌山で震度5弱**」、翌4日のコメント欄に「**ジャワ島噴火**」、5日には「**トカラ列島で震度4**」、21日には被害想定の記事ではあるものの「**千島海溝地震　死者最悪19・9万人**」と記入している。さらに翌２０２２年1月16日には「**トンガ沖の海底噴火で津波警報**」、22日には「**1時ごろ大分・宮崎で震度5強**」と記入している。

そして、これらのコメントから**２０２１年12月の地震・噴火は、翌年1月の海底噴火・地震の前兆**であったと読むことも可能になるわけだが、多くの人は、何かが起きてみて初めて因果関係がわかるというのが常のようだ。

◎「惑星直列　熊本豪雨（8日岐阜　長野でも）」（指標ノート　2020年7月4日）

この日、水星・金星・火星・木星・土星の惑星が並んで見えるという現象があった。結局、日本で起きたことは熊本の豪雨であり、これに続く岐阜と長野の豪雨だったのだが、**500年に1度と言われているこの現象は、何か大きな自然災害などを暗示しているように**感じたのでメモした。

似たようなメモとしては、11月8日の「**皆既月食＋天王星食（＝惑星食）1580年7月以来442年ぶり**」、10日の「**足1本多いアオリイカ釣り上げ、国内初か**」、11日の「**富山湾で生きたリュウグウノツカイ捕獲、60年で3例目**」が挙げられ、何か大きな天変地異が起きないことを願っている。

◎「商船三井手配船　モーリシャスで座礁」（指標ノート　2020年8月9日）

この事故は、座礁して重油が約1000トン流出したということなので、一見して悪いニュースだった。しかし、結果論ではあるが、タンカーの供給が絞られたという見方によって、**この事故のタイミングから、同社株をはじめ船会社の株価が上昇**していったことは、注目に値する。

「米西部デスバレー54・6度」（指標ノート 2020年8月16日）

このコメントの側に「**1913年7月56・7度（1931年〜89年ぶりの暑さ）**」と記しているが、2020年8月31日も「**東日本の気温　1946年以降最高**」と記入しており、**地球規模で気候変動が加速している**ことが見て取れる。激しい気候変動は食料危機をもたらし、インフレにつながっていく。この頃から**インフレの芽**が出始めているように感じた。

「米で『気候移住』増加」（日経新聞切り抜き 2022年3月8日）

アメリカで気候変動を理由にした転居が増えているということだが、米不動産会社が２０２１年に実施した調査によると、向こう1年間に住宅を購入・売却する計画の米国人１５００人のうち、10％が洪水や山火事などの災害を伴う気候リスクが「転居の最大理由」とし、39％が「転居の理由の１つ」と回答したという。

このニュースは、３月16日の「**沿岸インフラ、リスク増大**」という記事とも関係している。その見出しに「**海面上昇、開発基準見直し**」とあったように、各国ともに埋立地の空港は高潮や高波に脆弱で、コンテナ港や発電所なども対策を迫られていると報じている。

さらには、４月29日の東京新聞に「**『太陽フレア』でスマホに障害？**」という記事があり、これに書かれていた太陽表面の爆発現象「太陽フレア」がもたらす最悪のシナリオ（情報通信研究機構《ＮＩＣＴ》による）は衝撃的である。

スマホが使えなくなり、広域停電が発生し、１１０番などの緊急通報にも支障が出て、人工衛星に障害や故障が起き、航空機は全世界的に運行を見合わせる事態が多発するという。

11年周期の太陽活動は2025年頃にピークを迎えるため、警戒が必要ということだが、東日本大震災のときも公衆電話は機能を果たしていたので、テレホンカードを用意しておいたり、停電用のソーラー発電蓄電池を備えておいたりするなど、対策を講じておくべきだとも述べている。

このように、指標ノート、日経新聞切り抜きを通して世の中を見渡せば、株式投資のヒントが眠っているのみならず、**今後想定しておくべきリスクも浮き彫りになってくる**ことがある。

第4章

「三種の神器」からお宝株のストーリーを読む

株は連想ゲームだ

指標ノートのコメント欄に新聞から拾ったキーワードを記入したり、新聞を切り抜いたりしているときに、**「こんな展開があるのではないか」「こういう未来があるのではないか」などと、あれこれ思いを巡らせることが肝要**だ。

コメントの記入、新聞の切り抜きは単純な作業ではある。しかし、単にコピペしているだけでなく、日々手作業しているからこそ気づくことがあって連想が膨らみ、産業・企業動向を読む幅が広がっていく。

そして、「あれとこれがつながる」という気づきによって、具体的な銘柄選びにまで行き着くことができれば、あとは選択した企業がどのような企業か、四季報で詳細をチェックすればよく、その精査次第で株式投資の成果が得られることになる。

つまり、「指標ノート作り」も「新聞切り抜き」もそのための準備作業だ。たとえるならこの2つは「**株式投資を成功に導くシナリオの素材**」と言うことができる。では、シナリオの素材を前にして、どのようにすれば「**連想する力**」を高められるのかというと、次の3つが重要なポイントになる。

①半歩先を連想してシナリオを描く
②誰が儲かるのかを考える
③世の中の変化を読む

連想する力①

半歩先を連想してシナリオを描く

他者と横並びの状態では株式投資で成果を得ることはできないので、他者より半歩先のシナリオを描くことが重要になる。なぜなら、株は先行投資であり、先行した分が利益につながるからだ。

たとえば、前章の〈2021年3月13日のメモ「JR東日本終電繰り上げ 1987年民営化以降で初」〉（102ページ参照）という項目で紹介したカクヤスグループの場合、すでに説明したとおりであるが、整理してみるとシナリオの流れは次のようになる。

> JR東日本終電繰り上げ↓生活スタイルの変化↓コンビニの24時間営業がなくなる可能性↓超高齢社会の進行↓買い物に行けない高齢者の増加↓昔の酒屋さんの御用聞き文化の復活↓お酒を中心とした流通のインフラ構築をしている企業↓**カクヤスグループ**（7686）

また、同じく第3章の「ノルウェー中銀ゼロから利上げ（指標ノート 2021年9月23日）」（117ページ参照）という項目で、「2022年7月中旬には1ドル約138円に、さらに10月20日には150円台まで円安が進んでおり、円安がどこまで続くのか予断を許さない」と述べたが、その弊害だけにとらわれずに、いい意味での円安の経済効果を連想してみると次のようなシナリオになる。

円安↓コロナ禍が終息するにつれて外国人観光客が増加↓観光・旅行・ホテル関連が再び活性化↓ジャポニズムが味わえる場所やモノに人気が集まる↓2025年には大阪・関西万博が開催される↓外国人観光客をもてなすには自動翻訳機があれば便利↓自動翻訳機を手掛けている企業↓『ポケトーク』で知られているソースネクスト（4344）

ほかにもGoogle翻訳、iPhoneの翻訳アプリなども、今後どれほど機能を高め、利便性を向上させていくか気になるところである。訪日観光客に限らず、ビジネス上などでも国際交流が広がり、自動翻訳機の需要増大が予測されるので、翻訳ソフトを手掛けている企業を投資の対象にすることも考えられる。

連想する力2

誰が儲かるのかを考える

この2つ目のポイントを説明するときに、私がいつも例として挙げるのが**ジーンズメーカーのリーバイスの話**である。

1800年代中頃の西部開拓時代、アメリカはゴールドラッシュに沸き、多くの人が砂金《さきん》探しに明け暮れた。運よく砂金探しで儲けた者がいたが、一方には砂金探しをせずに儲けた者がいた。それが**砂金探しをする人たちにジーンズを提供し、後に世界的アパレルメーカーとなったリーバイスの創業者、リーバイ・ストラウス**である。

砂金探しには作業着が必要になる。それも丈夫であれば売れるはずだというシナリオを描けたことが、リーバイスの成功のカギになったわけだ。

こうした成功例を踏まえた上で、儲かっている業種・銘柄を探し出すことが重要になる。**「今、売れているものはこれだ」→「だったらこれも売れるのでは」と連想することによって、意外に身近なところで売れるものが見つかる**かもしれない。

その例がスマホ用のワイヤレスイヤホン、PC用のワイヤレスマウス、モバイル機器への音楽や映画の配信サービス、ネット上のデータを保存・管理できるクラウドサービス等々であり、数え上げたら切りがないほどある。

連想といえば、**「風が吹けば桶屋《おけや》が儲かる」**という株式投資の有名な格言を知っている人は多いだろう。その内容は次のとおりだ。

強い風によって砂ぼこりがたつと、砂ぼこりが目に入ったために目が見えない人が増え、その人たちが三味線で生計を立てようとするため、三味線が多く必要になり、三味線の胴に張る猫の皮の需要も増え、そのために猫がへり、その結果、増えた鼠《ねずみ》が桶をかじるので桶屋が儲かって喜ぶ。

この格言は、ある出来事によって、まったく無関係と思われるところに影響が出る、また、とてもあてにできそうもないことに期待をかけるたとえであり、**「誰が儲かるのか」を示唆してくれる連想のシナリオ**になっている。

連想する力 3

世の中の変化を読む

世の中は日々刻々と変化している。社会が変わりマーケットの状況が変わり、企業の業績が変化し、株価も変動していく。だからこそ、マクロ・ミクロの視点を持つことが重要になるわけで、**流行り廃《すた》りに流されたり、不確実な人の意見やメディアの論調に惑わされたりしないように**心掛けたい。

社会の変化に伴って新たなマーケットが生まれたり、消えたりする。よって**世の中の大きな変化を読み取りながら、「やがて社会はこのように変わるだろう」と連想することが大切になり、そのシナリオを描くことができれば有望な業種・銘柄を選択できるように**なる。

たとえば、仕事が効率化され、働き方が変わり、従来の生活スタイルに変化をもたらすものとして、IoT（モノのインターネット）がここ4〜5年のあいだ注目されてきた。だが、2023年初頭の時点で、IoTをさらに超えた**IoE（Internet of Everything の略）という新たな概念が登場している**ことを知っている人はまだ少ないだろう。

IoEは「モノ」だけではなく、ヒト、プロセス、データ、場所などをインターネットに接続させることを前提とする。IoTによるデータを世の中のあらゆるサービスにつなげ、より価値のある便利なサービスを作り上げることを可能にするという。

ＩｏＴ関連の銘柄は、有望視されてきたセクターだけに、証券会社のウェブサイトなどで検索すると、すでに選ぶのに迷うほどたくさんある。

ＩｏＥにはサーバーや基幹系システムなど、ネット通信が可能なデジタル機器すべてがつながる「ＩｏＤ（Internet of Digital ＝デジタルのインターネット）」が含まれる。なので、**ＩｏＴ関連銘柄の中からＩｏＤの分野に取り組んでいる企業を投資のターゲットにする**ことが考えられる。

指標ノート、日経新聞切り抜きから見えてくるキーワード

○リモートワーク

職種にもよるが、**リモートワークという新たな業務スタイルがもたらされたことは、画期的な出来事**と言える。リモートワークは以前から行われていたものの、コロナ禍

が容易に終息しないために、場所を選ばない働き方としてさらに定着するようになった。Ｚｏｏｍによるミーティングやオンライン会議は、今や当たり前のことになっている。

リモートワークは在宅勤務やサテライトオフィス勤務（コワーキングスペースや企業が勤務地以外に設けた仕事場などで働くこと）、あるいはＷｉ－Ｆｉ（ネットワーク機器を無線でインターネット接続する技術のこと）の環境が整っている場所で働くことを可能にし、働く側だけでなく、企業側にも様々な効果をもたらしている。

たとえば、通勤や移動の交通費などが不要になり、書類や資料のやり取りは、基本的にデータで行うため、印刷代や用紙代が削減できる。また、出勤する人が減れば、オフィスの規模を縮小できて、家賃や施設費などのコスト削減にもつながり、在宅でも作業できる人が労働力として加わり、企業の生産性が向上する可能性もある。

ただし、リモートワークの問題点として、セキュリティが甘くなる、業務の進捗状況の把握や勤怠管理が難しくなる、決裁・承認で必要とされる署名・捺印のデジタル化がなかなか進まないなどが挙げられ、これらを解決することが企業には求められるわけだが、**ウイルス対策ソフト、勤怠管理ツールなどのソリューションを展開している企業を投資の対象にする**ことが考えられる。

空飛ぶクルマ

さらには、第3章で「**空飛ぶクルマ**」について述べたが、これも時代の変化を映し出す重要なキーワードになっている。

そもそも「空飛ぶクルマ」とは何か。

2018年3月19日の経済産業省の『製造業を巡る現状と政策課題』というレポートに目を通すと、「明確な定義はないが、『電動』『自動』『垂直離着陸』が1つのイメージで、好きなときに、どこへでも（点から点へ）移動できる高度なモビリティ」のことを指し、「**航空機とドローンの間**」のイメージであると記されている。

将来的に、**機体、運航、インフラにかかるコストを安くすることによって、空の移**

動が大衆化され、速く、安く、便利にヒトやモノの移動が可能となる。空・陸・海の移動がシームレスにつながることで多様なサービスが生まれるだろう。

電動化によって機体の構造が簡素化され、燃料費・整備費の削減も可能になる。また、運用コストについては、自動化でパイロットが不要になるということで、「タクシー」並みを想定しているようだ。

2019年に内閣府の成長戦略に「**空飛ぶクルマ2023年事業化**」が盛り込まれ、2025年に開催される大阪・関西万博での「空飛ぶクルマ」の飛行実現に向けて「大阪・関西万博×空飛ぶクルマ実装タスクフォース」を設置することが決定されている。万博の会場で世界に先駆けて「空飛ぶクルマ」が空を行き交う光景が見られるかもしれない。想像すると『鉄腕アトム』のような世界が実現するわけであるから楽しみである。

日本初の「空飛ぶクルマ」の有人飛行の成功事例としては、2020年8月25日、**NEC**（6701）などが出資するベンチャー企業「ＳｋｙＤｒｉｖｅ」が開発した

1人乗りの「有人機SD－03」が約4分間飛行したというものがある。同社は2018年に設立された若い企業であるが、今後さらに改良を加えて、**2023年に「空飛ぶクルマ」を実用化させる**ことを目指している。

では、いつ「空飛ぶクルマ」を購入することができるのかというと、2021年4月16日に、アメリカのシリコンバレーに本社を置く**NFT**（Next Future Transportation）が、空飛ぶクルマ・ASKAの予約販売を開始すると発表しており、同社の設立者兼経営者が日本人女性である点が、我々日本人にとっては嬉しく感じられる。

「空飛ぶクルマ」は、これまでにない新しい市場が誕生することを意味している。その関連マーケットは巨大であると同時に競争も激化することが予想されるが、日本の各メーカーが世界を牽引して、夢の世界を実現してくれることを期待したい。

「空飛ぶクルマ」の関連銘柄としては、**ACSL**（6232）、**NEC**（6701）、**SUBARU**（7270）、**ヤマトホールディングス**（9064）、**日本航空**（920

1)、**ANAホールディングス**(9202)などを挙げることができる。併せて、前出のSkyDrive社に出資している**大林組**(1802)、**Zコーポレーション**(Zホールディングス《4689》の100%子会社)、**伊藤忠商事**(8001)などにも注目しておきたい。

四季報内の「少数キーワード」がテンバガーにつながる

「少数キーワード」とは、全上場会社の四季報コメント内でわずか1~2件ぐらいしかヒットしない、登場回数が極めて少ないキーワードのことだ。まだ**一般に顕在化していない「潜在テーマ」だが、今後の世の中の流れ次第では、大きなテーマになる可能性を秘めている重要なキーワード**である。

たとえば、IoTの上位概念とされている**IoE**は、私が四季報(2022年新春号)から、いつものように「少数キーワード」を検索していて、**エフティグループ**(2763)のコメント欄に唯一あった言葉だった。

また、「**空飛ぶクルマ**」というキーワードは、四季報（同号）の建設コンサル大手である**人・夢・技術グループ**（旧長大 9248）のコメント欄に初登場しており、「**【空飛ぶクルマ】空飛ぶクルマを手がける企業と資本業務提携し、空のインフラ整備を担う**」と書かれていた。

○ メタバース

この言葉が四季報に初登場したのは、2021年秋号の**グリー**（3632）のコメント欄だった。「**【仮想空間】インターネット仮想空間メタバースへの参入を発表。2～3年かけて100億円規模の投資予定**」と書かれていた。

こうしたコメントからメタバースが【仮想空間】であることは理解できたが、この四季報発売から約1カ月後の10月19日付の日経新聞夕刊に、「欧州で1万人を採用 フェイスブック仮想空間強化」との記事が掲載されていた。その後、10月28日にフェイスブックが社名をメタバースの「Meta（メタ・プラットホームズの略称）」にすると発表しており、これはまさに潜在テーマが顕在化した瞬間だった。

では、そもそもメタバースとは何か。

グリーがメタバース事業に参入すると発表した2021年8月6日のニュースリリースによれば、「同時に多くの人が参加して、アバター（「化身」という意味で、ネットワーク上の仮想空間でのユーザーの分身のこと）を通じて、実社会に近いレベルで交流や仕事、遊びなどの活動が自由にできるデジタル世界のことであり、現実と仮想の隔たりを超えて社会活動ができる次のインターネット空間」とある。

ハプティクス

そこで注目されるのが、第3章の「500キロ先に『触る』を伝える」（147ページ参照）という項目で紹介した**ハプティクス**である。ハプティクスとは手触りや衝撃といった触覚をデジタルで再現する技術のことであり、この技術とメタバースが融合すれば、とてつもない世界が出現するに違いない。

○建設RX

この言葉は、四季報（2022年夏号）の**ブレインズテクノロジー**（4075）と**ムロコーポレーション**（7264）のコメント欄にあった。

前者は建設業を中心に異常検知と企業内検索エンジンを提供している企業で、「**【新分野】ゼネコン参画の建設RXコンソーシアム入会、作業現場ロボティクス化を開拓**」と書かれていた。後者は精密部品メーカーで、「**建設RXコンソーシアムに参画、工場の自動化などで技術連携推進**」とあった。

「**RX**」とは、ロボティクス・トランスフォーメーション（Robotics Transformation）のことで、**デジタル変革（DX）になぞらえた「ロボット変革」を意味**する。

2021年9月に、建設施工ロボット・IoT分野での技術連携を目的とした「建設RXコンソーシアム」が鹿島建設・竹中工務店・清水建設の大手3社を中心に発足。2023年1月現在で会員数は正会員28社・協力会員137社の計165社を数えるという。

両社ともに建設RXで輝きそうな銘柄になっていると言えるだろう。

◎エクソソーム

この聞き慣れない言葉は、四季報（2022年夏号）中の**三洋化成工業**（4471）と**セルソース**（4880）のコメント欄にあった。

エクソソームはどのようなものかというと、三洋化成工業のホームページによれば「エクソソームは細胞から分泌される微小粒体で、細胞間でさまざまな情報を伝達する生体物質であり、疾病の診断や治療にも使える」としている。

三洋化成工業は高吸水性樹脂の草分けと言える企業で、「徳島大と共同で高吸水性樹脂を用いたエクソソーム（細胞分泌の膜小胞）の精製法開発」と書かれていた。

同社は、1978年に世界で初めて商業生産を開始して以降、さまざまなニーズに合わせて高付加価値のSAPを開発してきており、徳島大学の研究グループの基本構想・評価技術と同社のSAPの設計・製造に関するノウハウを組み合わせることによって、エクソソームの回収・精製に適した精製法の確立に成功したという。

セルソースは再生医療を手がける企業で、コメント欄には「**【化粧品】ヒト間葉系細胞由来のエクソソーム化粧品原料を開発、ユーチューバーとコラボで同成分配合の美容クリーム発売**」と書かれていた。

このように、新しい言葉が次々に登場してきて、とりわけIT分野の場合はSFの世界に踏み入ったような感じがするが、まだ**一般に顕在化していない「少数キーワード」を四季報から見出す**ことが、テンバガーにつながる可能性が大きい。

脱炭素のキーデバイス「次世代パワー半導体」を読み解く

半導体の微細化・高度化が著しく進んでいる。

我が国の半導体メーカーは、かつて世界シェア1位を誇っていた。だが、現在は、台湾をはじめ、中国、韓国などのメーカーと比べて大きく後れていると言われており、「日の丸半導体」は果たして復活するのかというネガティブな声も聞かれる。

こうしたなか、「半導体は産業のコメ」と言われてきたように、多くの産業に必須であることに変わりはない。そこで、この重要な産業の先行きを予測する上で、脱炭素のキーデバイスと目されている「**次世代パワー半導体**」について触れておきたい。

このキーワードは、2022年春号のなかで唯一、電子部品や電子化学材料・はんだ付装置を展開する**タムラ製作所**（6768）のコメント欄の見出しとして、「**【次世代パワー半導体】課題だった高温・無加圧接合対応の鉛フリーはんだ接合材開発**」に登場するだけであった。

また、少し前の四季報までさかのぼって確認してみたが、おそらく「2018年夏号（6月発売）」の**旭硝子**（現**AGC**、5201）のコメント欄に、「**【次世代への投資】次世代パワー半導体の材料開発会社に出資**」として登場したのが初めてではないかと思われる。

その後、約4年間でこのキーワードが四季報のコメント内に登場したのは合計6回しかなく、「超」がつく少数ワードとなっている。したがって、これはまだ水面下の潜在テーマといえるのだが、**実際に「次世代パワー半導体」について調べてみたところ、とてつもなく巨大なマーケットになると直感**した。

○カーボンニュートラル社会に必要不可欠な存在

結論から先にいうと、「次世代パワー半導体」は、一般的にすぐ頭に浮かぶ、演算したり記憶したりするような半導体とは別物であり、カーボンニュートラル社会の実現に必要不可欠なキーデバイスである。

つまり環境関連ということになるが、それを理解するには「次世代パワー半導体」という言葉を①「パワー半導体」と②「次世代」の2つに分けて理解しておく必要がある。そこでまずは「パワー半導体」とは何か、から説明したい。

たとえばこのキーワードは、四季報（2022年春号）中の**ディスコ**（6146）の**「グリーン投資でEVや電力設備等に使われるパワー半導体向け装置需要が長期拡**

大」というコメントや、パワー半導体に強みを持つ**富士電機**（6504）の「**パワー半導体が想定超。パワー半導体が電動車など幅広い用途で一層成長**」というコメントにあった。一読してわかるように、パワー半導体に関して「**需要が長期拡大**」や「**一層成長**」と書かれていて、非常に将来性があると感じられる。

では、そもそも「パワー半導体」とは何かと言えば、文部科学省や各社のホームページを参考にすると「**パワーエレクトロニクス（パワエレ）**」の中の1つのキーデバイスであり、「**パワエレ」とは、半導体を用いて電圧や電流、周波数を自在に制御する技術**と書かれている。

そして「パワエレ」は「電力（パワー）」と「電子（エレクトロニクス）」の分野が重なった技術や製品であり、家電製品やOA機器から産業機器、電装化がすすむ自動車などさまざまな分野で使われているとのことだ。

「パワエレ」をよりわかりやすく解説しているのが、2020年8月に文部科学省が公表している「パワーエレクトロニクス等の研究開発の在り方に関する検討会『中間

図表8　**パワーエレクトロニクスの概要**

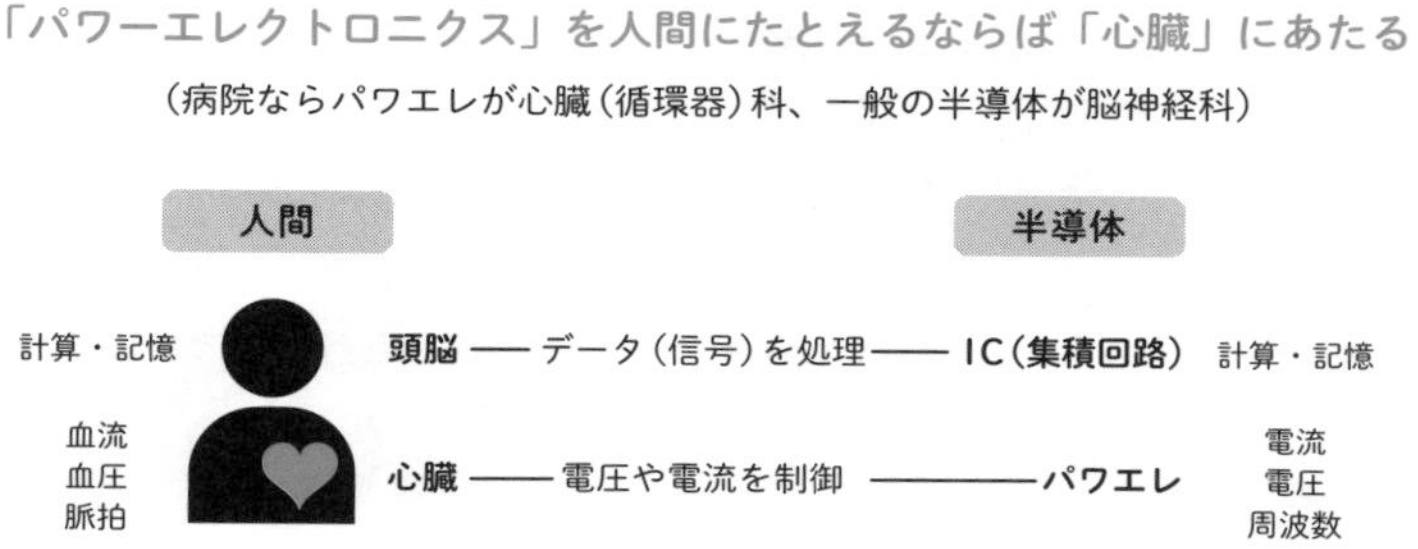

（出典：パワーエレクトロニクス等の研究開発の在り方に関する検討会「中間まとめ」について）

まとめ』について」のレポート中にある図表8である。

この図を見ると、「**パワエレを人間にたとえるならば心臓にあたる**」としている。先述したように、普通頭に浮かぶ、演算したり記憶したりするような半導体は「IC（集積回路）」であり、データ（信号）処理が役目であるため、人間にたとえると「頭脳」にあたる。

一方、「パワエレ」は、電圧や電流を制御するのが役目だが、人間にたとえると、電圧は血圧、電流は血流に置き換えられるため「心臓」にあたる。大枠でいえば、ICもパワエレも同じ半導体だが役目は別物という、非常にわかりやすい説明になっている。

また、これを病院にたとえれば、頭脳にあたるICを診断するのは脳神経科、心臓にあたるパワエレを診断するのは心臓（循環器）科になる。2つの科は同じ病院内にあるものの、それぞれはまったくの別物であるというのと同じである。

人間にたとえたことで、「いくら頭がよくても、その前に心臓がしっかり機能しなきゃダメだよね」ということから、いかにパワエレが重要かということが理解できると思う。

4つの働きを持つパワー半導体の今後の可能性とは？

次にパワー半導体の働きをみると、これには4つあり、いずれか1つの働きによって電力を制御しマイコンやモーターへ電力を供給している。

まず1つ目は、直流電流（DC）を交流電流（AC）に変換する「インバーター」というもので、エアコンや照明などに使われている。2つ目は、逆に、交流を直流に変換する「コンバータ（整流器）」というもので、コンセントにつなぐPCなどのA

Cアダプターが代表例である。

3つ目は、交流の周期を変える「周波数変換」、4つ目は、直流の電圧を調整する「レギュレーター」というものだ。とくに、半導体部品のほとんどが直流でしか動作せず、しかも半導体によって、それぞれ動作電圧範囲が異なっているため、電圧精度が求められ、**4つ目のレギュレーターの重要度が増している**ようだ。

続いてパワー半導体の歴史と今後の展望についてまとめてみよう。

日本の半導体の歴史は、1955（昭和30）年に**東京通信工業**（現**ソニーグループ**、6758）が初のトランジスタラジオを発売したところを起点としている。パワー半導体については、1959（昭和34）年に**三菱電機**（6503）が日本で初めて製品化に成功したところから始まったとされている。

三菱電機のホームページによると、パワー半導体は交直流電気機関車などに採用されていたそうだ。1959年は、日本国有鉄道（国鉄）が、鉄道車両を近代化させる「**動力近代化計画**」を答申した年でもあり、時期が重なっている。

図表9　「パワー半導体」のキーワードが登場する銘柄

コード	企業名	22年2集春号のコメント
6298	ワイエイシイホールディングス	23年3月期はメカトロのパワー半導体装置絶好調
6337	テセック	5G、自動車向けパワー半導体用テスター伸長。パワー半導体向け新テスターは客先での評価進む
6338	タカトリ	22年初に海外企業からパワー半導体向けSiC材料切断加工装置を計約30億円受注
6890	フェローテックホールディングス	23年3月期も石英など半導体装置関連とパワー半導体基板など電子デバイスの好調持続
6928	エノモト	23年3月期はスマホ向け横ばい程度も、車載がパワー半導体用やエアバッグ用続伸
8155	三益半導体工業	EV化でパワー半導体製造装置の需要増

翌1960年から、鉄道の電化もしくはディーゼル化が進み、1975年には国鉄の蒸気機関車がすべて引退することになった。したがって、**そのきっかけの1つがパワー半導体だったともいえ、動力源が化石燃料の石炭から電気に移る大転換になった**わけだ。

今後の展望については、**国家としてもパワー半導体の研究開発を非常に重視**していることは明らかだ。たとえば、2018年4月に内閣府が公表した「戦略的イノベーション創造プログラム（SIP）、次世代パワーエレクトロニクス研究開発計画」では、パワエレに関連する技術の高度化は社会的な課題で、パワー半導体の技術開発や普及の推進、電力制御によるエネルギー利用の革新を目指す研究開発は、グリーンイノベーション目標達成における重点的な施策の1つと明記している。

図表9では、2022年春号の四季報コメント内で、「パワー半導体」のキーワードが登場する銘柄をいくつかピックアップしているので参考にしていただきたい。

◎「次世代型」の材料は「SiC」「GaN」「Ga2O3」

「次世代パワー半導体」を理解するには、①「パワー半導体」と②「次世代」の2つに分けて理解する必要があると述べたが、まず、パワー半導体に「次世代」がつくと従来型と何が違ってくるのか見ていこう。

内閣府のホームページなどを参考にすると、従来の半導体は材料に「シリコン（Si）」が使用されており、次世代パワー半導体は「シリコンカーバイド（SiC）」や「窒化ガリウム（GaN）」「酸化ガリウム（Ga2O3）」が使用されていることがわかる。簡単に言えば「材料」が変わるということがポイントだ。

半導体の草創期の1950年頃は、半導体の材料として「ゲルマニウム（Ge）」が使われていた。だがその後、「シリコン（Si）」が中心になり現在に至る。さらに「次世代」のSiC、GaN、Ga2O3という新材料になることを鑑みると、**「材料の大革命」**が起きるということなのかもしれない。

一方で、「なんだ、たったそれだけ？」と思う方も多いと思うが、これが簡単そうで、簡単でないため「次世代」ということになる。では何がそんなに難しいのか、「シリコン（Si）」が「シリコンカーバイド（SiC）」に置き換わる場合で考えてみたい。

◎ 異なる「単体」が結合、まったく違う物質に

これまでの半導体は、「Si」単体で構成されるシリコンウエハーという単結晶が材料だった。だが、「SiC」になると「Si」という単体と「C（＝炭素）」という単体が「1：1」で結合した「化合物」が材料になり、このような化合物を使った半

図表10　化合物半導体のイメージ

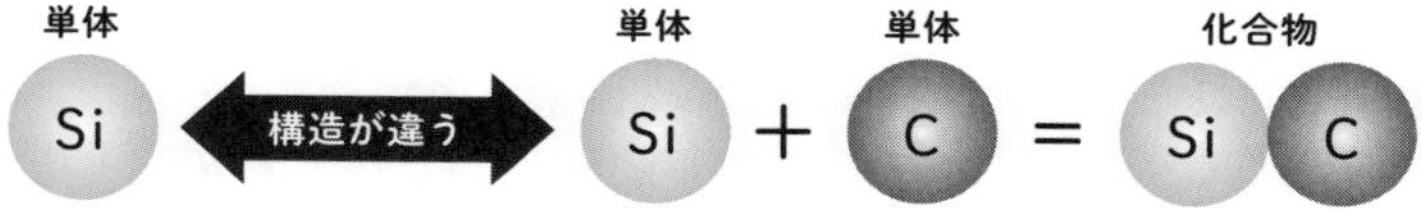

導体を「**化合物半導体**」と呼ぶ。

図表10は「単体」の異なる原子が結合して「化合物」になるイメージを示している。「単体」だったものが「化合物」になると、まったく構造が違う物質になり、そのことで結晶が成長する際に欠陥が出やすくなる。

またウエハーをスライスして研削や研磨をする際にも、加工ひずみが生じるなど「原理的な問題」が存在している。**それが動作不良の原因となって、量産化やコスト低減を難しくしている**ようだ。

これを「人の結婚」にたとえるなら、「Si」という独身の人が「C」と結婚して、「SiC」という子どもが生まれるようなものである。素直だった「Si」でも「C」と結婚することでさまざまな問題が発生し、その子どもの「SiC」は、「Si」とまったく性格が異なり制御がきかなくなる。「家族のあるある話」

にも似ている。

そもそも「S・i・C」は、隕石の中にわずかに含まれるが天然には存在しない化合物であることから、素人の私でも、存在しないものを作り出す難しさを感じる。

◎「次世代型」は熱に強く、省エネ性能に優れている

では本題の「次世代」のパワー半導体になると、従来のパワー半導体と比較して何が大きく変わるのか。

「次世代」では大まかに言って4つの大きな特長が挙げられる。1つ目が、半導体内の抵抗値が10分の1になるため「電力損失の低減」が図られること、2つ目が「高温度動作」が可能なこと、3つ目が熱伝導率はS・iの3倍なので「放熱性の向上」が期待できること、そして4つ目が「高速スイッチング動作」も可能ということだ。

このような次世代パワー半導体の特長を、ひと言でまとめると、**「熱に強く省エネ性能に優れている」**ということになる。

従来、パワー半導体は、エアコンや冷蔵庫などの家電、電気自動車、電車といった

図表11　2011年の世界の用途別の電力需要

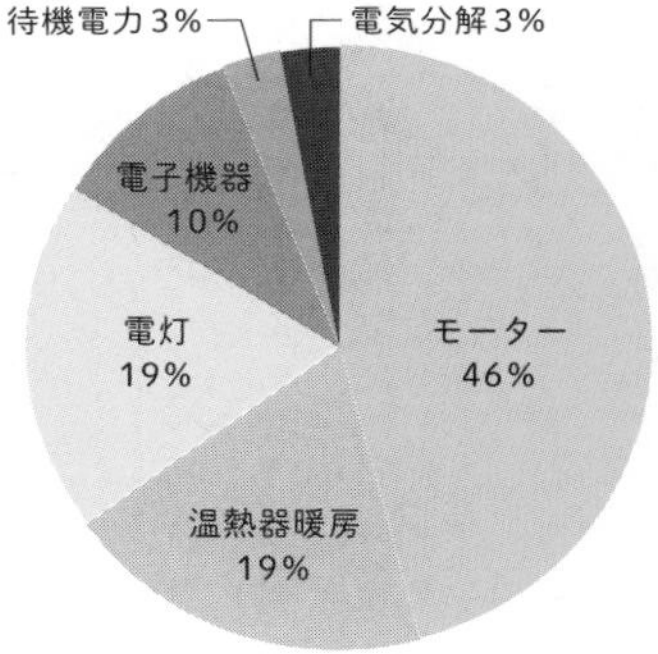

出典："Electric Motor Systems:targeting and implementing efficiency improvements",European Copper Institute,8 October 2015

交通分野、太陽光発電や風力発電、送配電といったインフラ、ロボットやデータセンターなどの産業分野など、幅広い分野で使われてきた。そのため、「熱に強く省エネ性能に優れる」次世代パワー半導体が普及すれば大幅な省エネが見込まれ、カーボンニュートラル社会実現に一歩近づくことになる。

ここで、世界の「用途別の電力需要」も確認しておきたい。

図表11をみるとおわかりのように、総電力需要に占める「モーター」の割合が意外と大きく、全体の約半分を占めている。

いちばん身近に感じる「電灯」はその半分以下の19%で、思った以上に小さいことに気づくだろう。

一般的に「電気はこまめに消そう」などの掛け声を耳にするが、実は照明などの節約以上に、**モーターの駆動等に用いられるパワー半導体の効率を改善したほうが省エネに貢献する**ことを意味している。

似たような話では、ハイブリッド車の電力損失の約20%、サーバーの電力損失の約25%がパワー半導体における損失ということになり、電力を制御するはずのパワー半導体が、むしろ無駄にエネルギーを消費している。

これは電動化やIoTやAIなどデジタル化を進めれば進めるほど、無駄な電力を消費することを意味している。次世代テクノロジーの進展が、逆に国策の「カーボンニュートラル」の実現をますます遠ざけるという矛盾を引き起こす。

しかし、**これらの矛盾を全て解決するのが「次世代パワー半導体」**ということになる。

○次世代パワー半導体市場は2050年に10兆円規模に

次世代パワー半導体の現在の世界市場規模は約３兆円である。今後はさらに大きく発展し**２０３０年に５兆円、２０５０年には10兆円市場になると予想**されている。ただし次世代パワー半導体は投資競争の要素が少ないため、現在の「Ｓｉ」パワー半導体とは勢力図が大きく異なり、新興勢がのし上がってくる可能性があることが指摘されている。

たとえば、これまでの「Ｓｉ」のシリコンウエハーは**信越化学工業**（４０６３）と**ＳＵＭＣＯ**（３４３６）の２社で世界シェアの半分以上を占めていたが、「ＳｉＣ」などの次世代ウエハーではアメリカ勢が圧倒的に強く、日本勢は**ローム**（６９６３）の関連会社の**ＳｉＣｒｙｓｔａｌ**と**レゾナック・ホールディングス（昭和電工）**（４００４）を合わせて10％強のシェアを持つだけである。

当然ながら、国としても「次世代パワー半導体」は重要な産業ととらえている。２０２５年には次世代パワー半導体の実証を終了し、２０３０年までに電力損失を従来の「Ｓｉ」に比べて50％以上低減することを目指している。それと同時に、量産時のコストも「Ｓｉ」並みを実現し、世界シェア４割の１・７兆円を目指すとしている。その中でもとくに次世代ウエハーの強化が重要との認識も持っているようだ。

図表９の**タカトリ**（６３３８）に加え、２０２２年春号コメント内に、次世代パワー半導体の材料の「ＳｉＣ」のキーワードを含む銘柄は**オキサイド**（６５２１）と**トレックス・セミコンダクター**（６６１６）の２社があるが、今後も関連会社が出てくれば注目しておきたい。

第5章

最強の四季報併読術
——投資スタンスを盤石にするために

四季報読破〝100冊達成〟を実現できて思うこと

『会社四季報』は、およそ2000ページのボリュームがあり、1年に新春号（1集）、春号（2集）、夏号（3集）、秋号（4集）の4冊が刊行されている。そうした四季報を私は1998年の新春号から読み始め、2022年秋号で読破した数は100冊に達した。振り返れば実に感慨深く、毎号読み続けてきて、常に新たな驚きや感動があった。

私は、**四季報を1ページ目から巻末特集、編集後記までの全ページ、約2000ページを、数字、記者コメント、月足チャートなど、気になる箇所をマーキングしながら読んできた**。

当初は読了感しかなかったが、続けているうちに産業・企業を知る喜び、社会を知る喜び、あるいはマクロ経済への関心が深まり、将来に対する妄想ストーリーまで含めて、どんどん楽しみが増えていった。

四季報読破を通じて産業・企業の動向を知ることは、株式を通して経済状況を知るのと同じことだ。投資の結果がよくても悪くても、多くの産業・企業の努力を見ていると**「日本経済の底力」**を感じてくる。

また、個別企業や日本経済について幅広い知識が身につき、話題が豊富になって人脈が広がると同時に仕事の幅も広がった。全ての上場会社の動きを見てきたことで人脈も広がったわけだが、人脈とは人との「ご縁」であり、そのご縁によって現在の複眼経済塾が成り立っている。

そしてそのご縁はお金の価値には代えがたいプライスレスな価値があると感じているので、四季報が、まさに「私の人生を豊かにしてくれた」と改めて思う。

四季報読破のきっかけを与えてくれたのは、序章で触れたとおり証券会社時代の先輩・竜沢さんだった。「四季報、全部読んでこい！」という声に逆らえず、厳しい社風もあったので読み始めた。それは予想以上に過酷な作業で、1冊目を読破するのに

1週間以上を費やした。

ちなみに現在は、ぶっ続けで読み通せば20時間程度、普通の生活状態で読むのであれば2日半ほどで読破できるようになっている。

指標ノートを作り、新聞記事を切り抜いてファイリングしていく。この過程で気づいたことについて連想を巡らしながらシナリオを組み立てる。

次に、これはと思える企業について四季報で詳細を調べるわけだが、**四季報の読み方をマスターすれば、投資スタンスを盤石にする**ことができる。

有望銘柄には5つのタイプがある

株式投資に臨む動機は、短期間で大きなリターンを得たい、長期投資で資産形成をしたい、株主優待や配当金を目的にしたい等々、人それぞれで銘柄選びも各人各様だ。これが正解だという決まりごとはなく、良し悪しもない。

しかし、銘柄選びは自由だとはいえ、どのような銘柄に投資すればいいかといえば、自分の期待をかなえてくれる銘柄を選ぶに越したことはない。そのため、あらかじめ有望銘柄には①中小型成長株、②業績回復株、③優良株、④バリュー株、⑤老舗株の5つのタイプがあることを知っておきたい。

①中小型成長株

中小型成長株とは、**文字どおり中小企業の株**のことを指す。このタイプの企業の魅力は、事業や業績が大幅に伸びる可能性を秘めていることで、企業が成長したときに株価が値上がりするため、大きなリターンが期待できる。

現状はまだ会社や事業の規模が小さくても、新技術・新製品の開発、新しいビジネスモデルの創出などによって、時代や社会の変化に応じて新たなニーズを掘り起こし、爆発的に伸びることがある。

その過去の代表例が、上場当初は小規模な企業で、いまや巨大企業になっている**ソニーグループ**（6758）であり、**ホンダ**（7267）、**ソフトバンクグループ**（9

984）などである。

②業績回復株

業績が悪化したり不振に陥っている状態から、いずれ回復の見込みのある企業の株のことを指す。景気には波があり、優れた技術力・販売力・ビジネスモデルがあっても、景気が悪化したときに業績が落ち込んでしまう企業がある。とくにコロナ禍のせいで一時的に業績が下がっているケースが多くなっている。

しかし、いったん業績が上向けば、元々、優れた技術力・販売力などがあるので、株価が右肩上がりになることが期待できる。

③優良株

「稼ぐ力」が強い企業の株のことを指す。このタイプの魅力は、着実に業績を伸ばしながら、株価の上昇も期待できることだ。

たとえば、他社が真似することができない技術をもっているオンリーワン企業、ニッチな市場を独占しているような企業、業界トップのシェアを誇る企業は、競合が少ないこともあり、安定して利益を確保できる。そうした優位性のある銘柄を選ぶようにしたい。

④バリュー株

株価が割安になっている企業の株のことを指す。このタイプの株は株価が割安の状態になっているので、それ以上値下がりするリスクが少なく、リスクを極力避けたい場合の投資対象になる。

ただし、株価が上昇するきっかけ（カタリスト）がない割安株の場合、そのまま放置されて「万年割安株」に陥るリスクもあるので、保有している自己資本、現金、不動産などの資産の価値と照らし合わせて割安な株を探すようにする。

⑤老舗株

創業・設立から100年以上経っている企業の株のことを指す。このタイプの企業の魅力は、何と言っても長寿であることで、継続性、持続性があることだ。時代や社会の変化に対応しながら数々の危機を乗り越えてきた実績があるので、長期にわたって資産運用をしたい場合の投資対象としてふさわしい。

とはいえ、長寿企業であるほど市場が縮小し、ニーズが減少すると同時に競合会社の新規参入もあり得るので、こうしたリスクを考慮しておく必要がある。

ちなみに、会社の寿命は業界によって差があるが、東京商工リサーチによれば2021年に倒産した企業の平均寿命は23・8年になっている。100年の長寿企業は、この**平均の4倍以上も長生き**していることになる。

最初に「市場別決算業績集計表」を読む

普通に考えて、2000ページにもおよぶ四季報を読破するには、相当の努力を要する。そこで、とりわけ時間がないときのために、**四季報の効率的な読み方のポイント**を以降にまとめてみた。

巻頭3ページの「各号のポイント」には、その四季報の要点が書かれており、**特に重要になるのが「市場別決算業績集計表」**（図表12参照）である。

この数字の表は、四季報の記者が、担当する各企業の業績予想を1つずつ積み上げたものだ。これほど多くの個別企業の業績を集計したデータは、財務省が発表している「法人企業統計」以外に四季報を含めて数えるほどしかなく「平均値」を知る上で極めて重要な数値になる。

図表12　**業績集計表／四季報形式（市場別）**

（単位：%）

	決算期	合計（3530社）	東P名P（1705社）	東S名M（1335社）	新興市場（462社）
売上高	前期（実）	11.5	11.8	4.0	12.9
	今期（予）	10.2	10.3	7.1	17.5
	来期（予）	3.1	3.0	4.4	14.8
営業利益	前期（実）	16.6	16.1	28.2	179.6
	今期（予）	22.6	22.7	19.5	26.9
	来期（予）	5.5	5.1	13.2	86.9
経常利益	前期（実）	36.8	36.8	30.6	272.8
	今期（予）	11.7	11.6	12.3	19.2
	来期（予）	2.6	2.3	8.7	88.1
純利益	前期（実）	46.9	46.3	64.4	黒字化
	今期（予）	13.2	13.0	19.0	145.5
	来期（予）	1.1	0.8	7.4	202.4

（注）営業利益は銀行・保険を含まない

（出典：『会社四季報 2022年4集 秋号』）

たとえば、各銘柄のコメント欄には、「微増益」「小幅増益」「営業増益」など増益に関する【見出し】が複数出てくるが、その増益が平均値を「上回る」のか「下回る」のかで、意味はまったく違ってくる。したがって、平均値を「市場別決算業績集計表」で確認して全体像を知っていることが大切になる。

ちなみに業績や企業情報などをまとめている雑誌やサイトはいくつもあり、証券会社も来期予想を出しているものの、その数はせいぜい500社程度で、**上場企業約3800社すべての来期予想を掲載しているのは四季報だけ**である。

6つのブロックをチェックする

四季報の巻頭に「会社四季報の見方・使い方」という各項目を解説しているページがあり、銘柄を掲載している誌面についてA～Nまでの14ブロックに分けて解説されている。私はそのうち**A〈証券コード・社名〉、B〈業績予想記事・材料記事〉、E〈株式・財務・キャッシュフロー〉、J〈業績〉、N〈株価チャート・株価指標〉、D〈株主・役員・連結子会社〉の6ブロックを重要視**してチェックすることを推奨している（次ページの見開き参照）。

Aブロック〈証券コード・社名〉

企業の概要が書かれているブロックで、いわば企業の自己紹介欄といえるブロック。証券コードは上場企業1社ずつに割り当てられている数字で、四季報には数字が小さい企業から順番に掲載されている。

【設立】【上場】の年もこのブロックに書かれている。老舗《しにせ》の銘柄や上場したての銘柄を探す際に役立てることができる。

【特色】には、事業内容が書かれている。どのような事業を展開し、どのような強みを持っているかがわかる。この欄に「世界首位」「業界首位」「シェア○割」などと書かれていれば優良株の可能性を秘めていることになる。

【連結事業】には、売上高に占める部門別構成比とカッコ内の数値でその部門の売上利益率が把握できる。

Bブロック〈業績予想記事・材料記事〉

業績や今後の展望を知るために最も注目すべきブロック。業界担当記者によるコメントが書かれているので、一般的にコメント欄と呼ばれている。コメント欄は２つの【カッコ】があって、前半は短期的な目先の動向について、後半は中長期の成長力に関わるトピックスや経営課題について解説されている。

たとえば、過去最高の利益を更新した場合、前半の見出しに【最高益】などと書かれており、その理由や材料が解説されている。中小型成長株を探す場合は【最高益】

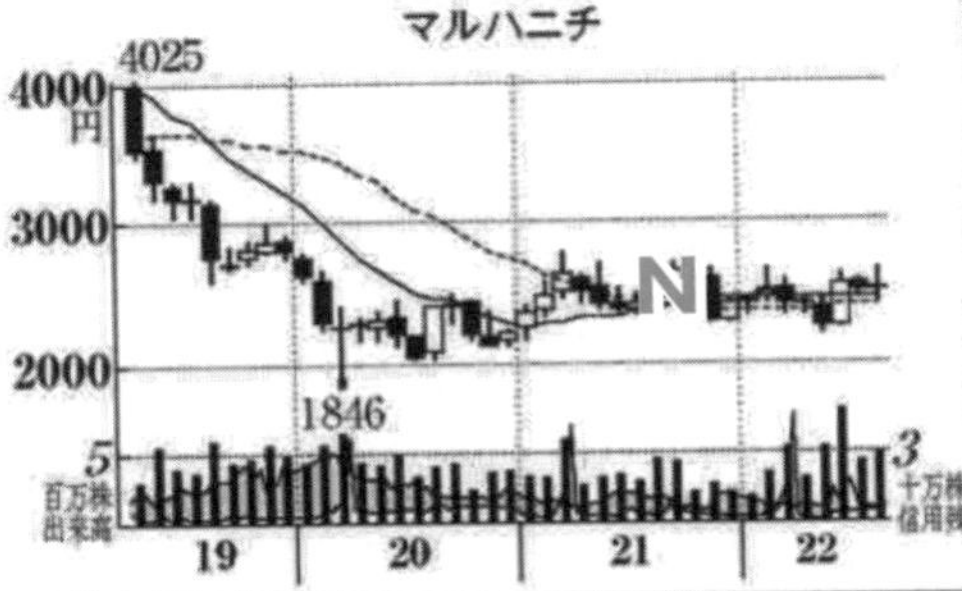

株価指標

予想PER	(倍)
〈23.3〉	6.7
〈24.3〉	6.9
実績PER	
高値平均	16.9
安値平均	11.1
PBR	0.77
株価(8/29)	
	2492円
最低購入額	
	24万9200円

1333 マルハニチロ

【決算】3月
【設立】1943.3
【上場】2014.4

A

【特色】水産最大手。国内に強固な流通網持つ。冷食・缶詰など加工食品も大手。畜産商事や化成品も
【連結事業】水産資源1963(2)、加工34(3)、物流2(5)、他2(5)【海外】〈22・3〉

B

【増 額】海外は米スケソウダラ生産増やタイのペットフードが牽引。相場上昇で養殖も滑り出し良好。材料高直撃の加工食品や動力費増加の物流やや苦戦も、水産の貯金で逃げ切る。会社B益超過。為替差益。
【新会社】三菱商事と合弁でサーモン陸上養殖事業会社を10月設立(当社49%出資)。英国の水産加工品販売会社を買収。伊では合弁立ち上げ、欧州での事業展開を強化。

【本社】135-8608東京都江東区豊洲3-2-20
豊洲フロント ☎03-6833-0826
【支社】札幌,仙台,東京,名古屋,大阪,広島,福岡【工場】大江,白鷹,新石巻,宇都宮,広島,下関,群馬【研究所】つくば
【従業員】〈22.3〉連12,352名 C 647名(41.8歳)年705万円
【証券】上東京P 幹みずほ,日興 名三菱U信 監あずさ
【銀行】みずほ,農中,三菱U
【仕入先】—
【販売先】—

出所:『会社四季報 2022年4集 秋号』

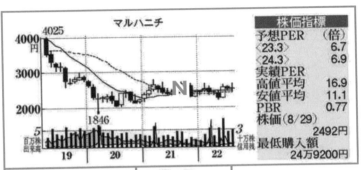

図表13　注目するべき6つのブロック

F

年月	【資本異動】	万株
04. 4	完全子会社	30,000
10. 3	減資	30,000
14. 3	減資	30,000
14. 4	合併	4,955
	消却	

G

東証P	高値	安値
14~20	4580(18)	1498(14)
21	2795(3)	2173(1)
22.1~8	2[illegible](8)	2201(5)

	高値	安値	出来万株
22. 6	2633	2239	788
7	2586	2448	435
#8	2678	2396	529

H

【営業利益率】2.7%(+0.9pt)
5期平均2.3% [illegible]率47.0%
【四半期進捗率】[illegible]均27.0%
今期32.8%(+5.8pt)

I

【業種】食品
時価総額順位 [illegible]5/169社
【比較会社】2[illegible]71 ニチレイ, 1332 日本水産, 1301 極洋

E

【株式】7/31 52,656千株
単位 100株 貸借
時価総額 1,312億円 225

【財務】〈連22.6〉	百万円
総資産	610,569
自己資本	167,288
自己資本比率	27.4%
資本金	20,000
利益剰余金	96,392
有利子負債	290,855

【指標等】		〈連22.3〉
ROE	1[illegible]%	予11.4%
ROA	3.1%	予 3.1%
調整1株益		―円
最高純益(86.1)		16,955
設備投資	155億	予376億
減価償却	163億	予157億
研究開発	16億	予 12億

【キャッシュフロー】	億円	
営業CF	192	(333)
投資CF	▲102	(▲119)
財務CF	▲172	(▲108)
現金同等物	244	(311)

D

【株主】単93,751名〈22.3〉	万株	
日本マスター信託口	814	(15.4)
大東通商	518	(9.8)
日本カストディ信託口	227	(4.3)
農林中央金庫	186	(3.5)
みずほ銀行	159	(3.0)
東京海上日動火災	86	(1.6)
OUGHLD	84	(1.6)
日本生命保険	73	(1.4)
山口銀行	63	(1.2)
損害保険ジャパン	62	(1.1)

〈外国〉12.5%　〈浮動株〉29.0%
〈投信〉10.5%　〈特定株〉43.3%

【役員】(会)伊藤滋 (社)池見賢 (取)粟山治 半澤貞彦 中部由郎* 飯村北* 八丁地園子* (常監)綾隆介* 大野泰一* 田部浩之 (監)兼山嘉人* 奥田かつ枝*
【連結】大都魚類, 大洋エーアンドエフ, ヤヨイサンフーズ

J

【業績】(百万円)	売上高	営業利益	経常利益	純利益	1株益(円)	1株配(円)
連20. 3	905,204	17,079	19,901	12,537	238.2	40
連21. 3	862,585	16,208	18,130	5,778	109.8	40
連22. 3	866,702	23,819	27,596	16,898	321.1	55
連23. 3予	935,000	26,500	30,000	19,000	373.4	55
連24. 3予	940,000	27,000	[illegible]8,500	18,500	363.6	55~60
連21.4~9	412,220	12,460	13,856	9,447	179.5	0
連22.4~9予	458,000	14,000	17,000	10,700	210.3	0
連21.4~6	202,536	6,298	7,079	5,045	95.9	
連22.4~6	232,618	7,869	12,175	7,675	146.3	
会23. 3予	900,000	24,000	25,000	16,000	(22.5.9発表)	

K

【配当】	配当金(円)
17. 3	45
18. 3	40
19. 3	40
20. 3	40
21. 3	40
22. 3	55
23. 3予	55

予想配当利回り 2.21%
1株純資産(円)〈連22. 6〉
3,232 (3,044)

以外にも【続伸】【急進】【飛躍】などのポジティブな見出しに注目する（図表14参照）。

Eブロック〈株式・財務・キャッシュフロー〉

経営の健全性と企業の継続性を見るブロック。【財務】の欄には直近本決算あるいは四半期決算の貸借対照表（バランスシート）から一部を抜粋し、総資産や自己資本率、有利子負債などの数値が並んでいる。「その会社が持っている全財産の目録」と言ってよく、借金と資産の詳細が書かれている。なかでも自己資本率は、その会社の健全性が判断できるので、バリュー株を探すときなどに活用できる。

【キャッシュフロー】の欄には、お金のやりくりが表されている。事業の継続性を測るための情報であり、**私はこの欄を「生命維持装置」として見ている**。お金のやりくりに行きづまれば破産するからだ。営業ＣＦは本業の収入と支出の差し引き、投資ＣＦは投資と回収の差し引きを表している。

Jブロック〈業績〉

会社の成績がわかるブロック。過去数年間の営業成績、今期・来期の四季報独自の

図表14　コメントの指標

		プラスイメージ	中立的	マイナスイメージ
過去実績との比較	利益が対象	【絶好調】【連続最高益】 【飛躍】【最高益】 【続伸】【急伸】 【連続増益】【大幅増益】 【急拡大】【V字回復】 【急回復】【急反発】 【高水準】【好調】 【好転】【復調】 【増益】【堅調】 【微増益】【小幅増益】	【底入れ】【底打ち】 【鈍化】【伸び悩み】 【横ばい】【下げ止まり】	【微減益】【小幅減益】 【減益】【軟調】 【下降】【反落】 【減収減益】【赤字続く】 【均衡圏】【続落】 【急悪化】【急反落】 【急落】【ゼロ圏】 【不透明】【大幅減益】 【大赤字】
過去実績との比較	配当が対象	【連続増配】 【増配か】 【増配】 【復配か】 【記念配】 【復配も】 【増配も】		【無配も】 【減配も】 【無配続く】 【無配】 【無配か】 【減配】 【減配か】
四季報前号との比較	利益が対象	【独自増額】 【増益幅拡大】 【上擦れ】 【上方修正】 【増額】 【大幅増額】 【一転黒字】 【減益幅縮小】		【増益幅縮小】 【一転赤字】 【大幅減額】 【下方修正】 【減額】 【下振れ】 【減益拡大】

出所：会社四季報をもとに複眼経済塾にて作成

予想が書かれている。【業績】の欄には、損益計算書の数字が一部抜粋され、左から売上高、営業利益、経常利益、純利益、1株益、1株配と並んでおり、上から前々期、前期、今期（予想）、来期（予想）と時系列順に数値が並んでいる。

注目しておきたいポイントは売上高と営業利益で、売上高を上から下に見て、増収率が高いかどうかで成長性を測ることができる。売上高の増加率を増収率といい、株価の値上がりが期待できる中小型成長株を探す際の重要な手がかりになる。

また、**営業利益÷売上高×100（％）と計算すると、「稼ぐ力」である営業利益率が見えてきて、優良株を見つけるポイント**になる。

このブロックでさらにチェックしておきたいのが1株益（1株当たりの当期純利益）で、EPS（Earnings Per Share）といい、現在の株価が、1株当たりの当期純利益の何倍まで買われているかを示すPER（株価収益率）を算出するときに用いる。

Nブロック〈株価チャート・株価指標〉

株価の方向性と変化を見るブロック。株価チャートは株価の値動きを表し、チャート右の株価指標の欄に列記されている各数値を見ると、現在の株価が割安なのか割高なのかなど、どの程度の水準にあるかを知ることができる。株を売買するタイミングを計るための重要なデータとして活用している。

株価チャートには次の4つの重要な情報が詰まっている。

❶株価の推移（月足ローソク足）
❷株価移動平均線（折れ線グラフ：実線は12カ月、点線は24カ月の移動平均）
❸出来高（下段の棒グラフ）

図表15　四季報に掲載されているチャートの見方

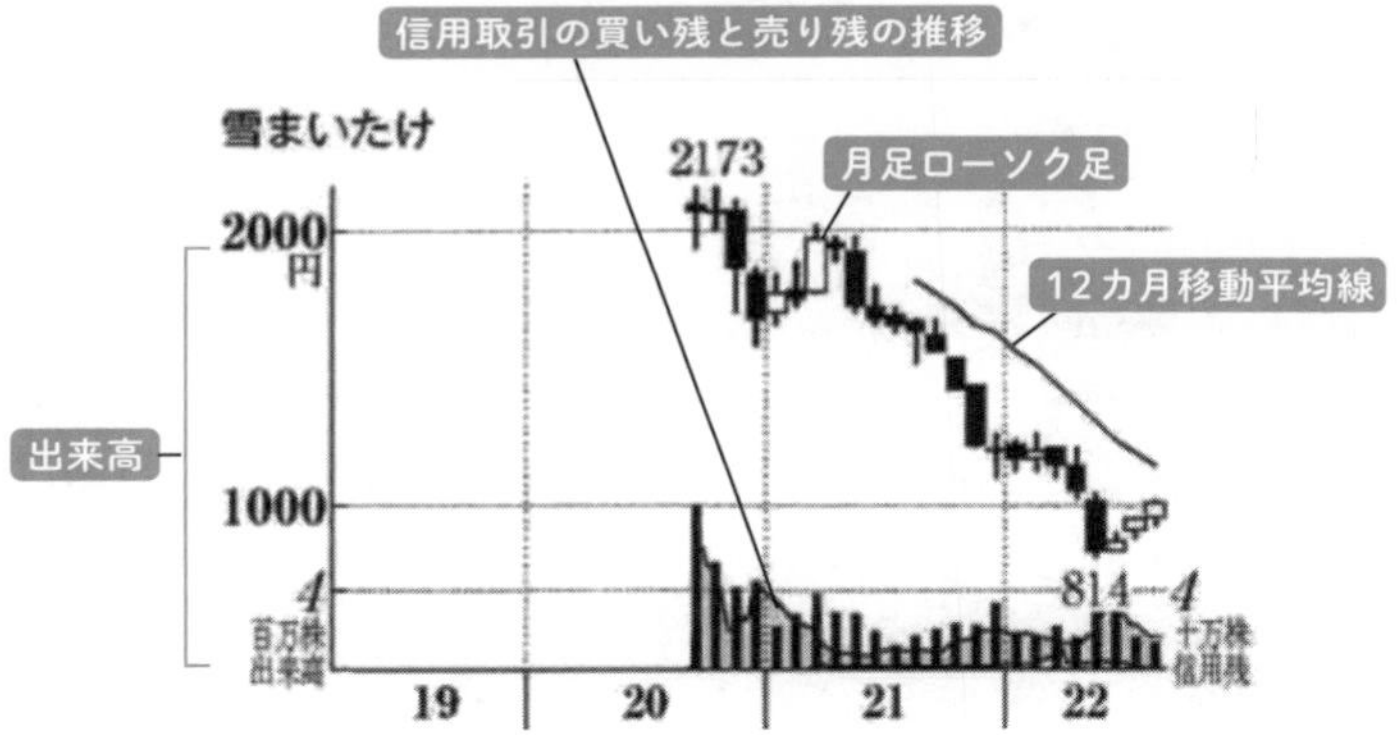

出所：『会社四季報 2022年4集 秋号』

❹信用取引の買い残と売り残の推移（下段の折れ線グラフ：週末集計ベース）

チャートは縦軸が株価、横軸が時間で、左から右へ3年強分（41カ月）の値動きが確認できる。

チャート内の縦棒をローソク足といい、四季報のチャートで用いられているローソク足は「月足」といってその月の動きを1本にまとめたもので、月初より月末の株価が上がっていれば白い棒（陽線）、月初より月末の株価が下がっていれば黒い棒（陰線）になる。

チャート上の実線と点線の折れ線グラフは「移動平均線」といい、各ローソク

図表16　チャートの種類

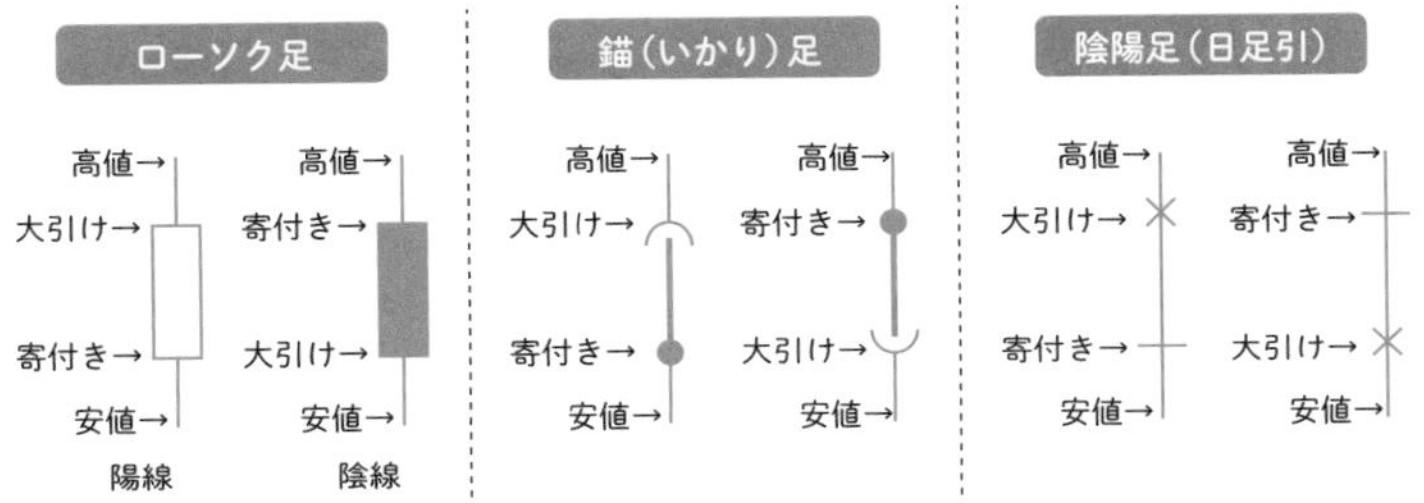

出所：複眼経済塾

足の終値（月末の株価）の平均を計算したものだ。実線は12カ月、点線は24カ月の平均であり、移動平均が上向きであれば株価は上昇傾向、下向きであれば下落傾向と判断できる。

株価の方向性については、直近1年程度の値動きを見るようにする。その期間で陰線より陽線が多いか、移動平均線が上向きであれば株価は上昇トレンド、逆に、陽線より陰線が多いか、移動平均線が下向きであれば株価は下降トレンドにあると判断できる。

買い方には二通りある。成長力重視で買う場合は上昇トレンドのタイミングで買い、この買い方を流れに順応して買うという意味で「順張り」という。

一方、株価が安いときや下落したときを狙って買う場合は下降トレンドのタイミングで買い、この買い方を流れに逆行して買うという意味で「逆張り」という。

中小型成長株の買い方としては「順張り」が一般的だが、**株価が10倍になるテンバガー狙いや「業績回復株」や「バリュー株」をターゲットにする場合は、安く買って高く売ることで利益を出す「逆張り」がよい**だろう。

株価の変化については、株価の上下動と勢いに注目する。

株価はずっと上がり続けたり、下がり続けたりすることはなく、上昇から下落に変わるもの、下落から上昇に変わるもの、あるいはずっと横ばいだったものが突然上昇に転じたり、逆に下落し始めることもある。これらの予兆はチャートに現れる。

たとえば、陰線より陽線が多い上昇トレンドのチャートで、急に陰線が連続するようになったり、急角度で上がっていた移動平均線の角度が緩やかになったりした場合は、下降トレンドに変わる予兆と判断することができる。

また、先述したとおり移動平均線の実線は12カ月、点線は24カ月の平均なので、当

図表17　**ゴールデンクロスとデッドクロス**

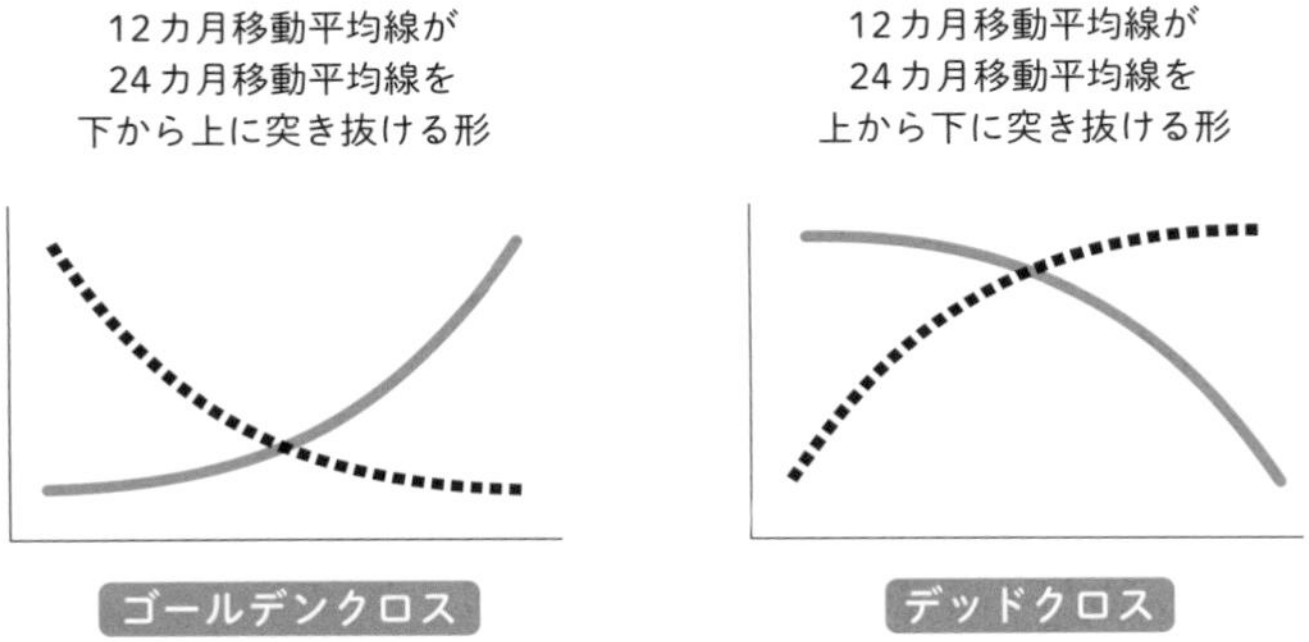

出所：複眼経済塾

然、期間の短い実線のほうが新しい情報となる。そのため市場が「この株は買い！」と評価し始めた場合には、24カ月の移動平均線よりも先に12カ月の移動平均線が上がることになり、24カ月移動平均線を12カ月移動平均線が下から上に突き抜ける状態が発生する。

これを「**ゴールデンクロス**」といい、**株価が安いときに「ゴールデンクロス」の状態になると買いのタイミング**とされる。逆に、12カ月の移動平均線が24カ月の移動平均線を上から下に突き抜けることを「**デッドクロス**」といい、**株価が高いときに「デッドクロス」の状態になると売りのタイミング**とされている。

さらに変化という点で、ローソク足の下に

並んでいる棒グラフも注視しておく必要がある。この棒グラフは「出来高（株の取引数）」を現したもので、株価が上昇しているときは人気のバロメーター、株価が下落しているときは不人気のバロメーターになる。

チャートの右側の株価指標の欄には、株価が割安か割高かの指標となるＰＥＲ（株価収益率）とＰＢＲ（株価純資産倍率）が書かれており、ＰＥＲは、現在の株価が１株当たりの当期純利益の何倍まで買われているかを、ＰＢＲは現在の株価が１株当たりの純資産の何倍まで買われているかを示している。

ちなみに、ＰＥＲとＰＢＲは、株価の割安、割高の指標としてよく使われているものの、両者ともに投資家の期待の表れと見ることもできるので注意を要する。ただしＰＢＲ１倍割れは、その企業が持っている資産価値より株価が下回っていることを意味しているため、バリュー株投資の観点からは重要視している。

Ｄブロック〈株主・役員・連結子会社〉

大株主、持株比率がわかるブロック。 **【株主】**の欄には、誰がどのくらい企業の株を保有しているか、その株主構成が書かれている。

実はこのブロックは最近になって重要視することにしたのだが、そのきっかけは、中小型成長株の分析を進めていく過程で「**大化けする株はオーナー企業が多い**」ことに気づいたからだった。

オーナー企業とは、会社の保有と経営を社長が同時に担う会社で、【役員】欄の会長や社長が筆頭株主や大株主になっている企業のことをいう。オーナーが企業を所有し経営しているので、大胆な経営判断、素早い行動がとりやすく、大化け株になる可能性が大きい。

ただし、現時点では、会社四季報オンラインのスクリーニング機能を使ってオーナー企業を判定することはできないので、気になる企業のDブロックを1つずつ確認する必要がある。

株は十分に調べてから買う

四季報は２０００ページにおよぶ大書であり、小さな文字と数字の羅列で、開いただけで大半の人が「読み込むのは難しい」と感じてしまうに違いない。したがって、初めは四季報をバラパラめくって、どのような会社があるかを知ったり、どのような内容が書かれているか馴染《なじ》むようにするだけでもいい。あるいは、興味をもった銘柄のページを開いて誌面を眺めるだけでもいいだろう。

そうしているうちに、細かくて複雑に見える四季報に目が慣れてきて、どこに何が書いてあるかおおよその見当がつくようになる。先に述べた６つのブロックについての理解も深まるはずで、**６つのブロックの読み方がわかれば、自分の投資スタンスの素地《そじ》ができた**ことになる。

しかし、株式投資が思うようにいかない人の場合は、初めから四季報は難しいものと決めつけてしまう。貴重な情報源と言える四季報を活用せずに、「あのアナリストが推奨していたから」「ツイッターにこう書かれていたから」「友人に勧められたから」といった理由で大切なお金を株式投資につぎ込んでしまっているケースが多いようだ。

株は自分で納得するまで十分に調べてから買うのが大原則だ。有名なアナリストであれ、証券会社であれ、あるいは親しい友人であれ、自分の投資スタンスの素地ができていないうちは、どんなに強く推奨されていても、他人の情報を拠り所にしてはならない。参考程度にとどめておくべきである。

私自身はといえば、書籍やセミナーなど機会があるたびに自分で分析して買えそうな株を紹介しているだけで、推奨するつもりはまったくない。

第2章で述べたとおり「依存心の強い人は投資に向いていない」「どのような投資でも儲けるためには、それなりの努力をしなければならない」というのが私の基本的な考え方だ。

要は、**地道にプロセスを踏むことが肝要で、その第一歩が四季報の読み方を知ることであり、その基本の基が6つのブロックの読み方をマスターすること**である。

ちなみに最近は、ネット上の「会社四季報オンライン」を活用している人も多いようだ。このサイトは紙媒体の四季報と比べて業績予想の修正記号などが掲載されていないという違いはあるが、情報は基本的に同じで、重視すべき6つのブロックもオンラインで確認できる。

第6章

四季報の達人が教える有望銘柄の見つけ方

優望銘柄の見つけ方

前章で有望銘柄には、①中小型成長株、②業績回復株、③優良株、④バリュー株、⑤老舗株の5つのタイプがあると述べた。本章では**この5つの有望銘柄の見つけ方についで述べる**ことにする。

「①中小型成長株」の見つけ方
小さいからこそ成長の余地がある

中小企業は大企業のような安定性はないものの、まだ小さいからこそ成長の余地があり、株価が右肩上がりになる可能性が大きい。実際に多くの10倍株（テンバガー）が生まれている。

ところで「テンバガー（10 bagger）」という言葉についてだが、この言葉は『ピーター・リンチの株で勝つ』（ダイヤモンド社、１９９０年初版）という書籍で初めて紹介された言葉で、以来、日本でも知られるようになった。

ちなみにbaggerはbagの派生語で、アメリカではベースボールのベースをバッグともいい、満塁ホームランを４バガーと呼ぶことから、10倍になる株をテンバガーと呼ぶようになったとされている。

テンバガーは２本の満塁ホームランにさらに２点が加えられるわけで、いかにスゴいかがわかる言葉になっている。

ピーター・リンチ氏はアメリカを代表するファンドマネージャーの１人であり、「元祖テンバガー・ハンター」「世界一のファンドマネージャー」と呼ばれ、大きく値上がりする可能性を秘めた企業の株を数多くファンドに組み入れ、多いときは１４０0もの銘柄に投資したといわれている。

また、なぜそれほど多くの銘柄に投資したのかというと、投資リスクを極力少なくするためで、**仮に10社の株に均等に投資したとして、９社の株が値下がりしたとしても、残り１社の株が10倍になれば損はしないというのが、その理屈**だ。

つまり、投資先を分散すればリスクを抑えることができるわけで、これは中小型成長株に投資する際の重要なポイントになる。

ピーター・リンチ氏は「**中小型成長株と業績回復株を買いなさい**」と提言していて、このタイプの株を見つけることが、大きなリターンにつながるということを強調している。では成長力があり、テンバガーになる可能性を秘めている中小型成長株を見つけるにはどうすればよいかといえば、私は次の3つの条件に注目している。

1 時価総額が300億円以下

中小企業の企業価値は、**発行済み株式数と株価を掛けて算出した時価総額で判断**する。たとえば、発行済み株式数が3000万株で株価が1000円であれば時価総額は300億円になる。株価が2000円になれば2バガー、3000円になれば3バガー、1万円になれば10バガーになる。

したがって、時価総額が小さければ小さいほど、株価が上昇した際は何倍にもなり、大化けする可能性もある。しかし、このことばかりにこだわりすぎると銘柄選びの幅を狭くしてしまうので注意を要する。私は**時価総額３００億円を基準に銘柄を選ぶ**ようにしている。

2 増収率が前期比20％以上

中小企業の成長率は前期比の増収率で判断する。

四季報には、各年度の売上額は載っているが、前期比の増収率は記載されていないので、Ｊブロックに記載されている業績の数字を活用して、次のように計算する。

今期の増収率＝{(今期売上高÷前期売上高)－1}×100
来期の増収率＝{(来期売上高÷今期売上高)－1}×100

東証に上場している全企業の増収率の平均は、四季報の巻頭ページで確認できる。この計算式を照合して増収率が前期比20％程度であれば、その企業は十分に成長力があるといえるし、増収率20％が4年続けば、4年後のその企業の売上は約2倍ということになる。

ただ実際に銘柄を選ぶ際には、私は１つの目安として、**今期の増収率（予想）20％**

以上、来期の増収率（予想）15％を基準に成長力のある銘柄を選ぶようにしている。

3 オーナー企業であること

先に「大化けする株はオーナー企業が多い」と述べたが、**オーナー企業であることも中小型成長株の重要な条件**になる。

オーナー企業の最大の強みは、会長や社長が経営権を握っていることで、企業としての意思決定が迅速にできるため、経営環境の変化に対応しやすい。オーナー企業としての目安は、会長や社長、その家族、家族の資産管理会社などが大株主の3位までに入っているか、これに近い企業と考えてよいだろう。

『会社四季報　2022年4集　秋号』で、これら3つの条件を満たしている銘柄は、たとえば、不動産クラウドファンディングを展開する**クリアル**（2998）、賃貸用不動産の仲介、管理業務を効率化するソフトを提供する**日本情報クリエイト**（4054）（本企業のみ今期増収率16・6％、来期増収率〔予想〕37・5％）、人流データを解析したリアル行動データを活用する**unerry**（5034）、法律事務所の紹介・相談サイトを複数展開する**アシロ**（7378）、看護師やリハビリ職による訪問看護サービスに特化した**Recovery International**（9214）などが挙げられる。

大きなリターンが狙える「②業績回復株」の見つけ方

業績が低迷していても、何らかのきっかけで業績が上向いていけば、大きなリターンが期待できる株のことを業績回復株という。

企業の業績は景気の波に左右されるので、不景気なときは、業績が悪化する企業が増えることになるが、実力のある企業は一時的に赤字に陥ったり減収になったりしても、業績が回復する可能性が高い。たとえば、コロナ禍の影響で業績が低迷していても有望な投資対象になり得る。つまり、逆にコロナ禍はチャンスととらえることもできる。

とはいえ、すでにコロナ禍以前の水準まで株価が戻っているケースがある一方、依然として観光、飲食、百貨店業界などコロナ禍のダメージが大きいケースもあるので、元々実力のある安定していた企業を投資の対象にすべきである。そのためには、次の3つのいずれかに当てはまることが条件になる。

1 増収増益に向かいつつある企業

企業の収益は売上と利益の変化によって、増収増益、増収減益、減収減益、減収増益の4パターンを繰り返す。

・増収増益＝売上高も利益も増えている状態。収益に合わせて株価が上がるとされている。
・増収減益＝売上高が増えているが、利益が減少している状態。株価は天井をつくとされている。
・減収減益＝売上高も利益も減少している状態。業績悪化の局面で株価は下落するとされている。
・減収増益＝売上高は減少しているが、利益が増加している状態。この局面は株価の大底圏とされている。

この繰り返される4パターンで注目しておきたいポイントは、**売上高の変化に先行して利益が変化する**ことである。

増収増益から増収減益に変化していく過程を例にとると、売上高が増えていても競合他社の参入などの影響によって、売上高を伸ばすために何らかのコストを増やすことになる。そうすると、利益は伸びにくくなり、業績が悪化し始めると同時に株価も下落し始める。

次に、減収減益から減収増益に変化していく過程を例にとると、減収減益は売上高と利益の両方が減少している状態だ。減収増益は売上高が減少していても、利益が増加している状態であるから、売上高が減ってもコストを抑制できれば利益は残りやすくなる。

したがって、減収減益の状態でも、売上高の減少よりも早く、コスト削減に取り組めば利益を出せる体質となり、売上高が少し戻るだけで利益が出るようになる。とすると、新たな商品やサービスなど、次の一手を素早く打つことが可能となり、株価もこの流れに乗って上昇し始めるので、こうした過程で増収増益に向かいつつある株をターゲットにするとよいだろう。

2 V字回復の見込みがある企業

「赤字から黒字への転換」は、営業利益などが「前期は赤字でも今期は黒字」、あるいは「今期は赤字でも来期は黒字」が見込めることを意味する。

赤字企業の株は、どこまで下落するか判断しにくいし、倒産や上場廃止の可能性もあるので、ほとんどの投資家は安くても買いたいとは思わないはずだ。

しかし、減収赤字の企業が黒字化するケースには、減収赤字から減収黒字に向かうケースと、減収赤字から一足飛びに増収黒字に向かうケースがある。後者はいわゆるV字回復の状態になるので、この変化を市場は好感することになる。当然、株価も上がることになり、減収黒字の株よりも大きなリターンが期待できるので、V字回復が見込める企業を見つけるようにしたい。

3 景気の好循環に乗る企業

景気の波に左右されやすい企業の株を「景気敏感株」もしくは「景気循環株」、または「シクリカル株」という。具体的な業種としては、鉄鋼、紙パルプ、化学などの素材産業、半導体関連や設備投資と関連性が高い工作機械メーカーなどが挙げられる。

企業によっては、個々の収益サイクルではなく、その時々の大きな経済状況の変化で業績が上向いたり落ち込んだりするわけで景気と業績は連動する。たとえば、景気が上向いていけばモノが売れるようになり、在庫は減少することになる。そのため、これに伴う生産の拡大や、設備投資が活発になり、特に巨大な生産設備を保有している企業は、**売上高が高い固定費を超えた段階で利益が急拡大する**ことが期待できる。

したがって、コロナ禍が終息に向かい景気が上向く局面を迎えれば、それが追い風となる。減収から増収になったり赤字から黒字に転換したりする企業が出てくるので、そうした景気の好循環に乗る企業を投資の対象にするとよいだろう。ただし景気敏感株は、景気の谷から山に転ずるタイミングに現れることが多いので、いつ何時でも存在するわけではないことを認識しておく必要がある。

『会社四季報 2022年4集 秋号』で、今期営業赤字から来期営業黒字へ回復するだろう銘柄は、たとえば、グルメサイトを運営する**ぐるなび**(2440)、電解銅箔の専業メーカーの**日本電解**(5759)、個人向けオンライン資格講座『スタディング』を展開する**KIYOラーニング**(7353)、**東京電力ホールディングス**(9501)、名古屋地盤の繊維商社**タキヒヨー**(9982)などが挙げられる。

順調な値上がりが期待できる「③優良株」の見つけ方

前章で述べたとおり、他社が真似することができないオンリーワンの技術をもっている、ニッチな市場を独占している、あるいは業界トップのシェアを誇っているなど、**「稼ぐ力」が強い企業の株を優良株**という。事業や業績が安定しているので投資リスクが少ない点が好感される。

中小型成長株や業績回復株のように急激な値上がりは期待しづらいが、安心して買うことができて順調な値上がりが期待できる。そのため優良株を探す際は、収益性が安定していることに注目し、次の3つのいずれかに該当することが条件になる。

1 競合相手がいないオンリーワン企業

オンリーワンの技術や自社特有の商品、サービスを保有している企業は、市場に競合相手がいないので、市場を独占することができて、市場が成長するほど売上が増えることになる。ライバルがいなければ価格競争に晒されることもなく、需要が安定していれば成長が見込めるので、株価の順調な値上がりが期待できるといえる。

2 グローバルニッチトップ企業

ここでいうグローバルとは世界規模の事業領域、ニッチとは大手が狙わないような小規模で見逃されやすい事業領域のことを指す。実はこの2つの特徴をもっている企業は意外に多く、経済産業省が『2020年版グローバルニッチトップ企業100選』として2020年6月に公表している。

これは、世界市場のニッチ分野で勝ち抜いている企業や、国際情勢の変化の中でサプライチェーン上の重要性を増している部素材等の事業を有する優良企業など113社を、部門ごとに選定している。部門ごとの選定企業数は、機械・加工部門61社、素材・化学部門24社、電気・電子部門20社、消費財・その他部門8社となっている。

これらの企業は、100〜1000億円の市場において、大企業は約20％以上のシェア、中堅企業と中小企業は約10％以上のシェアがあることを条件に選出される。選出された企業が提供する商品やサービスの市場は、5〜10年のあいだに2倍以上伸びると見込まれている。

世界で事業を展開している企業は、世界経済の成長を追い風にできるところが魅力である。ニッチなビジネスを展開している企業は、市場が小さかったり、自ら市場を開拓したりしなければならない場合があるとはいえ、オンリーワンの企業と同様に、独自性のある商品やサービスをコアなユーザーに提供できるところが強みだ。

3 業界トップシェアを誇る企業

市場におけるトップシェアの企業の強みは、先のオンリーワン企業、グローバルニッチトップ企業とほぼ同じで、価格競争力が強いことだ。

とくに世界市場でトップシェアを誇る企業であれば、競合他社への影響力が強く、価格決定の点でイニシアティブを握ることも可能だろうし、何と言ってもトップシェアということ自体が強いブランド力につながる点が魅力だ。

『会社四季報　2022年4集　秋号』で、業界トップシェアを誇り、なおかつ、今期営業利益率が10％以上の銘柄は、たとえば、美容室向けヘア化粧品専業でトップの**ミルボン**（4919）、ウエハー用研磨材で世界トップシェアの**フジミインコーポレーテッド**（5384）、ガス器具トップの**リンナイ**（5947）（本企業のみ営業利益率9・8％）、個別半導体用テスター（測定装置）で世界トップクラスの**テセック**（6337）、人工透析用など留置針で国内トップの**メディキット**（7749）、育児用品で国内トップの**ピジョン**（7956）などが挙げられる。

株価が割安な「④バリュー株」の見つけ方

企業が保有している自己資本、現金、不動産などの資産の価値と照らし合わせて株価が割安な株をバリュー株という。割安度の指標とされているPBR（株価純資産倍率）が上場企業のなかで低い銘柄、あるいは全上場企業のPBRの平均を下回っている銘柄や、PBR1倍未満の銘柄をバリュー株と呼ぶこともある。

手持ち資産が十分あるのが特徴で、株価が資産に対して割安になっているため、景気が思わしくない状態に陥った場合でも、値下がりし続けるリスクが少ない。先述した中小型成長株などと比較して、あまり成長は期待できないものの、安心して買える点が投資家に評価されている。

バリュー株は、電気・ガス・水道などのインフラ系、銀行・保険・証券などの金融系に多く、そのなかから銘柄を選ぶ際は、次の3つの条件のすべてに該当する株を見つけるようにする。

1 PBR（株価純資産倍率）が0・7倍以下

純資産とは、株主から調達した資本金、貯めてきた利益剰余金などを合計した資産のことを指し、**PBRはこの純資産に対して株価がどの程度の水準にあるか**を表している。

PBR1倍以下の株は純資産よりも株価が割安の水準、PBR1倍以上の株は純資産よりも株価が割高の水準ということになり、その倍率は次の計算式で求めることができる。

PBR（倍）＝株価÷BPS（1株当たり純資産）

BPS（1株当たり純資産）は、期末の純資産額を期末の株式数で割った数値で、四季報のKブロックの下に「1株純資産」として表記されている。

株にはＰＢＲ1倍以上のものもあれば、ＰＢＲ1倍以下のものもある。たとえば、ＰＢＲが1・2倍であれば、企業が保有している資産に対して株価は1・2倍になり、これとは逆に1倍を下回っているのがバリュー株で、資産に対して株価は割安になる。

しかし、割安か割高かを判断基準にすると、ＰＢＲ1倍以下の株はすべて割安ということになるし、対象となる企業数が増えてしまうため、私は**ＰＢＲが0・7倍以下の株に的を絞る**ようにしている。

2 自己資本率が70％以上

資本には、銀行などからの借入金（負債）も含まれる。そのため自己資本と負債を合計した総資産のうち、自己資本が占める割合（自己資本率）が高いかどうかが、バリュー株であるか否かの判断基準になる。

自己資本率が高いほど、赤字になった時の耐性が強いことから、一般的に経営状態は健全だとされていて、私は**自己資本率70％以上を目安**にしている。

3 株価上昇のきっかけ（カタリスト）があること

株価の変動を読むのに、カタリストは重要な要素になる。

バリュー株は割安でリスクが少ないとはいえ、株価が上がる要素がなければ、いつまでも安いままの「万年割安株」になってしまい、ずっとリターンが得られないこともある。

バリュー株の株価が上向く背景はさまざまで事業の内容によって異なるが、大きく分けて、**利益が出て自己資本が拡大するか**、もしくは**自己資本が拡大する期待によってPBRが切り上がるかの2つ**になる。

自己資本が拡大する期待とは、たとえば、モノの価格が上がるインフレ、他企業との提携、M&Aなどであり、これらもカタリストになる。場合によっては、日銀の金融政策もカタリストになり得るが、いずれにせよ期待値が高まることで株価が上向いていくことが考えられる。

割安感だけでカタリストが期待できない株に投資してしまうことを「**バリュート**

ラップ」という。バリュー株に投資する際は、このトラップ（罠）に陥らないように、有望銘柄を見つけるようにしたい。

『会社四季報 2022年4集 秋号』で、自己資本比率70％以上、PBR0・7倍以下（9月16日終値）の銘柄としては、たとえば、中国電力系の電気工事会社の**中電工**（1941）、婦人下着首位の**ワコールホールディングス**（3591）、医薬品の**鳥居薬品**（4551）、クラッチ専業メーカーの**エフ・シー・シー**（7296）、**TBSホールディングス**（9401）や**日本テレビホールディングス**（9404）などが挙げられる。

安心して買える「⑤老舗株」の見つけ方

老舗株の一番の魅力は、会社が長く存続していることだろう。戦争、バブル崩壊、市場再編等々の危機を乗り越えて、経営を存続させてきただけで十分評価できるし、幾世代にもわたって顧客や取引先から信頼を得ていることが強みだ。

設立まもない若い企業と比べれば、老舗ということだけで知名度が高く、長寿であること自体がブランド力になっている。

老舗株を探す際は、こうした長所を踏まえて、次の3つのいずれかに該当することが条件になる。

1 創業・創立から100年以上の歴史がある

厳密に100年と限定しなくてもよいのだが、**世紀をまたいで経営していることを一応の基準**としたい。

なぜならば、企業の寿命は30年程度という意味で「企業30年説」という言葉が流布しているなかで、**その3倍以上の期間にわたって経営が維持されている企業には、経営理念、事業方針、商品、サービスなどの点において、存続する力があると判断できる**からだ。

したがって、老舗株は長く保有・運用できる、資産として残せるという点でも魅力があるといえるだろう。

2 ロングセラーの商品・サービスを提供している

消費者や取引先のニーズに合った商品・サービスを提供し続けるのは、並大抵のことではないはずだ。時代や社会の変化に対応を強いられるときもあるだろうし、時流や流行に影響されない個性を創造しなければならないときもあるだろう。

時流や流行に乗った商品・サービスをベストセラー、長く売れる商品・サービスをロングセラーという。

前者は短期間で爆発的に商品・サービスが売れる状態を指し、先述した中小型成長株や業績回復株の場合、この要素があれば業績がよくなり、株価が上がることになる。

一方、後者のロングセラーの場合は時流や流行にあまり左右されずに、**「この商品・サービスならこれだ！」というように、消費者や取引先の信頼が厚く、世の中に必要とされ、買われ続けているところが最大の強み**だ。

ちなみに私は、レトルトカレーは『ボンカレー』、カップラーメンなら『カップヌードル』が好きだ。しかも、それほど広告宣伝していないものもあり、これらのロングセラー商品のよさを再確認するのが常だ。

3 サステナブルな経営が維持されている

老舗企業には派手さはないものの、技術や事業、あるいはサービスを堅実に育ててきたという大きな資産がある。

昨今、ＳＤＧｓ（持続可能な開発目標）という言葉がよく聞かれるようになった。サステナブル（持続可能）かどうかによって事業の良し悪しが測られ、企業の評価も分かれるようになっているようだが、**老舗企業は長寿であること自体がサステナブル**である。

これはロングセラーの理由にも通じることで、商品・サービスのみならず、継続・維持されてきた事業そのものが、世の中に支持されてきた証である。

『会社四季報　２０２２年４集　秋号』の【特色】欄に、創業年が記載されている１００年以上続く会社は、たとえば、１５８６年創業で社寺建築で優れた技術を持つ**松井建設**（１８１０）、慶長７（１６０２）年創業、薬用酒で高シェアの**養命酒製造**（２

540）、1873年創立、製紙国内首位の**王子ホールディングス**（3861）、1887年に化学肥料で創業した**日産化学**（4021）、1661年堺打刃物商で創業しショベルのシェア5割の**浅香工業**（5962）、1666年創業の老舗商社の**ユアサ商事**（8074）、1878年創業で上場企業として設立が一番古い**四国銀行**（8387）などが挙げられる。

「指標ノート」を作り、「日経新聞」を切り抜いてファイリングしていく。この過程で気づいたことについて連想を巡らしながらシナリオを組み立て『会社四季報』で詳細を調べる。**「三種の神器の投資法」をもとに、優良銘柄を見出す盤石の投資スタンスを獲得**してほしい。

おわりに

複眼経済塾の最大の特徴は、株式投資の方法として、誰でも手に入れられる四季報と日経新聞（必要に応じて東京新聞も）を使っていることである。これ以外に特別なマニュアルも資料も基本的に必要としない。それでも、日頃、私たちが複眼経済塾で塾生たちに教えている株式投資のノウハウを、誰でもマスターすることが可能だ。

株式投資のセミナーを行っている会社は当塾以外にも多数あるが、基本的にこの2つだけで株式投資にチャレンジすることを推奨しているところは、おそらくないだろう。

株式投資は、何も特別な知識を持った人だけが成功するわけではなく、勉強すれば誰でも成功できる世界だ。私たちはそのためのノウハウを伝えようとして会社を立ち上げたのであって、具体的な株の売買は自らの責任で行ってもらうしかないし、自分で結論を導き出す努力をしなければ株式投資で成功できないと考えている。

したがって、私たちは具体的に「この株を買ったほうがいいですよ」というような投資の助言は行っていない。それは別の業務に該当してしまうからで、私たちは実際に株を運用し、その結果を含めてポートフォリオを公開し、自由に見てくださいというスタンスを取っている。

世の中には、「儲かる方法をマスターしたのなら、他人にそれを教えずにやっていればいいじゃないか」などと皮肉めいたことを言う人がいる。しかし、私たちには「ただ儲かればいい」という考えはないし、株式投資はゼロサムのゲームではないと思っている。つまり、一方が損をすることで一方が得をするという考えで株式投資を行っていない。

株式投資のセミナーなどに参加している人のなかには、儲かる銘柄だけを知りたいという人が結構多いように感じる。そうした人に限って損をした場合、セミナーの主宰者側にその責任を転嫁して、自分の勉強不足を省みないようだ。

そうしたレベルとは対照的に、当塾には、株式投資の根本から学びたいという人が集まっており、私たちと「**自立した投資**」を目指している。塾生たちのレベルは相当に高く、個々のパフォーマンスが常に良好であることがその証だ。

「自立した投資」は「三種の神器」の実践によって育まれることを私たちは実感している。それは日経新聞を読み、指標ノートに11項目の数字とコメントを記入し、新聞を切り抜き、四季報に目を通すという作業を通じてのことであり、とりわけ指標ノート作りを進めていると様々な気づきを得ることができる。その日々の単純作業自体に価値がある。

株式投資とは、自分が選んだ企業を応援することであって、ひいては、それが日本経済全体をよくしていくことにつながり、日本経済がよくなれば、私たちの生活が豊かになるという好循環が生まれる。

また、株式投資に興味を持つと、世界経済・日本経済への関心が強まり、日本の産業・企業の動きを見る目、さらには自分の生活への考え方も変わってくるだろう。

またビジネスに役立つ知識が増えてくるはずで、これは、**お金では買うことができない株式投資ならではの価値であり醍醐味**と言えるだろう。

四季報が株式投資に役立つバイブルならば、指標ノートは株式投資の転換点を見つける最高のアイテムになり得るものだ。本書を通じて指標ノート作りをマスターしていただき、株式投資の醍醐味を読者の皆さんも存分に味わっていただきたいと願っている。

2023年2月

渡部清二

参考文献

『会社四季報の達人が教える10倍株・100倍株の探し方』（2018年、東洋経済新報社、渡部清二）
『日経新聞マジ読み投資術』（2018年、総合法令出版、渡部清二）
『会社四季報の達人が教える　誰も知らない超優良企業』（2022年、SBクリエイティブ、渡部清二）

渡部清二（わたなべ・せいじ）
複眼経済塾 代表取締役塾長
1967年生まれ。1990年筑波大学第三学群基礎工学類変換工学卒業後、野村證券に入社。個人投資家向け資産コンサルティングに10年、機関投資家向け日本株セールスに12年たずさわる。野村證券在籍時より、『会社四季報』を1ページ目から最後のページまで読む「四季報読破」を開始。20年以上継続中で、2022年秋号の『会社四季報』をもって、計100冊を完全読破。2013年野村證券退社。2014年四季リサーチを設立し、代表取締役就任。2016年複眼経済観測所を設立、2018年複眼経済塾に社名変更。テレビ・ラジオなどの投資番組に出演多数。『インベスターZ』の作者、三田紀房氏の公式サイトでは「世界一『四季報』を愛する男」と紹介された。
著書に、『会社四季報の達人が教える 誰も知らない超優良企業』（SB新書）、『会社四季報の達人が教える10倍株・100倍株の探し方』（東洋経済新報社）、『日経新聞マジ読み投資術』（総合法令出版）などがある。

ブックデザイン：西垂水敦
本文デザイン：今住真由美
写真：後藤利江
ＤＴＰ：エヴリ・シンク
編集協力：草野伸生

10倍株《ばいかぶ》の転換点《てんかんてん》を見《み》つける最強《さいきょう》の指標《しひょう》ノート

2023年２月25日　初版発行

著者／渡部《わたなべ》 清二《せいじ》

発行者／山下 直久

発行／株式会社KADOKAWA
〒102-8177　東京都千代田区富士見2-13-3
電話　0570-002-301（ナビダイヤル）

印刷所／凸版印刷株式会社

●お問い合わせ
https://www.kadokawa.co.jp/（「お問い合わせ」へお進みください）
※内容によっては、お答えできない場合があります。
※サポートは日本国内のみとさせていただきます。
※Japanese text only

定価はカバーに表示してあります。

ISBN 978-4-04-605925-3　C0033